CHAMPION IM RAMPENLICHT

VOLLBLUT 21

CHAMPION IM RAMPENLICHT

Von Karen Bentley –
nach einer Idee von
Joanna Campbell

Titel der amerikanischen Originalausgabe:
THOROUGHBRED 21 – Wonder's Champion
© 1991 by Daniel Weiss and Associates, Inc. and Joanna Campbell.
Published by arrangement with 17th Street Prod. Inc./Alloy Online
Umschlag-Illustration: © Paul Casale
Übersetzung: Nina Thelen

Herausgeber und Verlag:
PonyClub, Stabenfeldt GmbH, München
Redaktion und DTP/Satz:
Redaktionsbüro Kramer, Weißenfeld/München
Umschlag-Gestaltung: baumann & friends, München
Druck: GGP Media, Pößneck, Deutschland 2002

ISBN 3-935583-55-9

Kapitel 1

„Glory!" Mit einem Lächeln lehnte sich Cindy McLean über den Holzzaun einer Koppel auf Whitebrook, dem Vollblutgestüt und Rennstall, wo sie zu Hause war. Auf den Koppeln um sie herum tummelten sich edle, wertvolle Vollbluthengste und Vollblutstuten und Absetzfohlen. Sie waren an diesem kalten Tag Ende Dezember auf die Weide gebracht worden, damit sie die kurze Wärme der winterlichen Nachmittagssonne genießen konnten.

Doch im Moment hatte Cindy nur Augen für den prächtigen Hengst March to Glory. Glory warf den Kopf in die Höhe und wieherte. Mit wehender Mähne galoppierte er zu Cindy herüber, seine Hufe trommelten schnell und rhythmisch auf den gefrorenen Boden.

„Für mich siehst du immer noch perfekt aus", sagte Cindy und hob die Hand, um dem Hengst den widerspenstigen Schopf aus den Augen zu streichen. Glorys weiches graues Haarkleid hatte die Farbe der niedrig hängenden Winterwolken, seine kraftvollen Muskeln spielten unter dem Fell, als er den Hals wölbte. „Ich wette, du könntest immer noch so schnell rennen wie früher", fuhr sie fort. „Aber jetzt hast du eine Aufgabe, die genauso wichtig ist – oder wirst sie zumindest bald haben."

Glorys erstes Fohlen – und das erste des nächsten Jahrgangs – wurde auf Whitebrook in Kürze erwartet. Wie Glorys Pferdekind wohl sein wird?, dachte Cindy, während sie die Ohren des großen Hengstes kraulte. Wenn das Fohlen auch nur ein bisschen nach Glory kommt, dann wird es etwas ganz Besonderes!

Bis Glorys Rennkarriere vor nicht allzu langer Zeit durch eine Sehnenverletzung beendet wurde, hatte der Apfelschimmel jedes andere Pferd auf der Rennbahn bezwungen. Er hatte das Breeders' Cup Classic gewonnen und bei drei seiner Rennen sogar neue Rekorde aufgestellt. Glorys packende Siege hatten damals die ganze Galoppwelt in Atem gehalten. Cindy war

Glorys Arbeitsreiterin gewesen und hatte von Aileen Griffen, Glorys Jockey, eine Menge über das Training von Rennpferden gelernt. Aileen war zusammen mit ihrem Mann Mike Reese Miteigentümerin von Whitebrook.

Ein heftiges Schnauben hinter ihr ließ Cindy hochschrecken. Auf einer nahen Koppel entdeckte sie den großen dunklen Fuchshengst. Er war so dunkel, dass er fast aussah wie ein Rappe. Wunders Champion hatte die typischen vier weiß gestiefelten Beine und die Schnippe von Aileens Wunder, seiner Mutter und Aileens ehemaligem Starrennpferd.

Champion schnaubte aufgeregt und blies weiße Atemwolken in die kalte Luft. Eifersüchtig beobachtete er sie. „Ich komm doch gleich zu dir", versuchte Cindy den Hengst zu beruhigen. „Reg dich ab."

Champion hob sich ein wenig auf den Hinterbeinen und schüttelte den Kopf. Er will sich nicht abregen, dachte Cindy und verzog das Gesicht. Das war noch nie Champions Sache gewesen.

Sie ging zu seiner Koppel hinüber; ihre Reitstiefel knirschten auf dem harten, kalten Boden. Er hat sich die Aufmerksamkeit verdient, nach seinen fantastischen Leistungen auf der Rennbahn dieses Jahr, entschied sie. Von den vier Rennen der prestigeträchtigen Bonusserie für Zweijährige des Kentucky Thoroughbred Development Fund hatte Champion drei gewonnen. Jetzt war Cindy Champions Arbeitsreiterin und sie wusste, welches Glück sie gehabt hatte, von einem Superpferd zum nächsten zu wechseln.

Der große Hengst wartete am Zaun auf sie, seine fast schwarzen Augen funkelten erwartungsvoll. „Was bist du schön", murmelte Cindy. Champion war in diesem Winter gewachsen und kräftiger geworden. Er war jetzt 1,63 Meter groß und sein seidiges, mahagonifarbenes Fell schimmerte matt im fahlen Winterlicht. Der prächtige Vollblüter sah ganz aus wie der Champion, den sein Name versprach.

„Was ist los, alter Junge?", fragte Cindy. Sie kletterte die Latten des Zauns hinauf und sprang auf der anderen Seite zu dem Hengst auf die Weide. „Vermisst du mich?"

Mit einem Schnaufen steckte Champion den Kopf unter ihren Arm. Cindy spürte, wie ihr Herz dahinschmolz. Nie hatte ein

Pferd so vollkommen ihr gehört, nicht einmal Glory. Champion hatte bei Menschen seine eindeutigen Vorlieben und fast von dem Tag an, an dem er auf die Welt gekommen war, hatte er sich Cindy als seinen Lieblingsmenschen ausgesucht.

„In nur einem Tag bist du schon drei", sagte sie zu dem Hengst und streichelte seine Blesse. Alle Vollblüter feierten ihren offiziellen Geburtstag am ersten Januar. „Ich wette, dies wird dein bisher bestes Jahr auf der Rennbahn."

Cindy war enttäuscht gewesen, als Champion nach der vorigen Saison nicht zum Zweijährigen-Champion gekürt worden war. Diese Ehre wurde Sky Dancer zuteil, einem Hengst, gegen den Champion in den Kentucky Cup Juvenile Stakes in Turfway Park angetreten war und der seine starke Saison mit einem Sieg im Breeders' Cup Juvenile gekrönt hatte.

Champion stieß ungeduldig gegen ihre Hände. „Du brauchst etwas Beschäftigung", sagte Cindy. „Aber keine Sorge, mein Junge. Bald fängt das Training wieder an." Cindy wusste, dass Mike Reese und ihr Vater Ian McLean, der Cheftrainer von Whitebrook, Champion schon für die Fountain of Youth Stakes in Gulfstream am 24. Februar vorgemerkt hatten.

Dann wird Champion auf der Spur der Triple Crown sein! Cindys Herz schlug schneller, wenn sie nur daran dachte, Champion in den drei Rennen der Triple Crown zu sehen: Kentucky Derby, Preakness Stakes und Belmont Stakes. Wunder hatte das Kentucky Derby und die Belmont Stakes gewonnen und ihr erster Sohn, Wunders Stolz, das Derby und die Preakness Stakes. Doch Whitebrook hatte noch nie einen Triple-Crown-Sieger gehabt.

„Wirst du dieses Jahr die Triple Crown gewinnen?", fragte Cindy den Hengst. „Weißt du, wie wunderbar das wäre? Seit 30 Jahren hat sie niemand mehr gewonnen."

Champion rieb unbekümmert sein Ohr an ihrem Arm, wie um zu sagen, dass er da überhaupt keine Bedenken hatte. Cindy lachte und legte die Wange an seinen warmen weichen Hals.

„Cindy, bist du noch nicht völlig durchgefroren?", rief Beth McLean, Cindys Adoptivmutter. Sie stand in der Tür zum Cottage der McLeans.

„Doch!" Plötzlich merkte Cindy, wie kalt ihr war. Die grauen Wolken wurden immer dunkler und von der spärlichen Wärme des Tages war kaum noch etwas zu spüren. Sie hatte ihre Fäustlinge vergessen und inzwischen konnte sie die Finger kaum noch bewegen.

Bald mussten die Pferde für die Nacht in den Stall gebracht werden. Doch zuerst, dachte Cindy, sollte sie wahrscheinlich ihren Eltern bei den Vorbereitungen für die Silvesterparty helfen, die sie heute Abend geben wollten.

Langsam ging Cindy zum Haus ihrer Familie. Eigentlich wollte sie die Pferde noch nicht verlassen. Es waren zwar Weihnachtsferien und sie hatte schulfrei, doch Cindy war heute bereits mit Beth für die Party am Abend einkaufen gewesen, was einen großen Teil des Tages in Anspruch genommen hatte. Whitebrook hatte insgesamt über 50 Pferde und sie hatte heute kaum Zeit gehabt, all ihre Lieblingspferde zu besuchen.

Auf der Stutenkoppel an der Vorderseite des Gestüts sah Cindy Heavenly Choir, die Glorys erstes Fohlen trug. Überrascht bemerkte sie, dass die hochträchtige graue Schimmelstute am Zaun auf und ab wanderte. Seit mehreren Wochen hatte sich Heavenly Choir kaum noch bewegt. Mit dem zunehmenden Gewicht ihrer Trächtigkeit stand sie lieber nur noch ruhig herum.

Cindy legte die Stirn in Falten. Sie wusste, dass Stuten kurz vor dem Abfohlen manchmal anfingen, unruhig hin und her zu laufen. Doch für Heavenly Choir sollte es erst in einem Monat so weit sein. „Was ist los, altes Mädchen?", fragte sie.

Heavenly Choir blieb am Tor stehen und sah Cindy erwartungsvoll an. „Du hast bestimmt bloß Hunger", sagte Cindy. „Ich bin bald zurück und bring dich zum Abendessen in den Stall."

Als sie den Weg zum Cottage hochging, bemerkte Cindy, dass es angefangen hatte zu schneien. Große schwere Schneeflocken verfingen sich in ihren Wimpern und brannten kurz auf ihren Wangen. Mit Schnee wird die Party heute Abend noch festlicher, dachte sie fröhlich.

Für die nächsten Stunden halfen Cindy und ihre 21-jährige Schwester Samantha ihrer Mutter Beth, das Haus für die Gäste vorzubereiten. Cindy polierte die Möbel und hackte das Gemüse für den Dip, Samantha wischte die Böden und Beth bereitete einen dampfenden, köstlich duftenden Schmortopf zu.

Cindy hörte es an der Tür klopfen. „Ich mach auf!", sagte sie und wischte sich die Hände an einem Küchentuch ab.

Max Smith, Heather Gilbert und Mandy Jarvis, Cindys beste Freunde, standen vor der Tür. Heather und Mandy hatten ihre Schlafsäcke dabei, denn sie wollten über Nacht bleiben. „Hallo, Leute", sagte Cindy. „Schön, dass ihr da seid."

„Das Haus sieht toll aus", sagte Heather, als sie durch die Tür trat. Mit Heather hatte Cindy sich als Erstes angefreundet, als sie nach Whitebrook gezogen war, und beide waren verrückt nach Pferden. Genau wie Cindy ritt Heather, so oft sie nur konnte, obwohl sie kein eigenes Pferd besaß. Die Mädchen besuchten zusammen die neunte Klasse der High School. Heather konnte außerdem hervorragend malen und zeichnen. „Wow, habt ihr den ganzen Nachmittag die Party vorbereitet?", fügte sie hinzu.

„Ja, irgendwie schon – ich bin froh, dass es so schön geworden ist", sagte Cindy. Sie war sehr zufrieden mit dem blitzsauberen Haus und dem üppigen Büffet, das die Gäste der McLeans begrüßte. „Wo ist deine Mutter, Max?", fragte sie. „Musste sie zu einem Notfall?" Dr. Smith, die Tierärztin von Whitebrook, war auch zur Party eingeladen. Max, der ebenfalls die neunte Klasse besuchte, träumte davon, einmal Tierarzt zu werden.

„Nein, sie kommt auch – ich fürchte, wir haben sie abgehängt", sagte Mandy reumütig. „Sie hat uns hergefahren, aber ich hatte es so eilig, zum Haus zu kommen."

„Du hast es immer so eilig, Mandy", neckte Heather sie.

Mandy warf ihre dunklen Locken zurück. „Es ist schön, dass ich mich überhaupt beeilen kann", bemerkte sie. Die zehnjährige Mandy war inzwischen ein richtiger Star auf den Turnierplätzen des Springsports, doch vor fünf Jahren war sie bei einem Autounfall schwer verletzt worden. Erst seit zwei Jahren konnte sie wieder ohne Beinschienen gehen.

„Das stimmt, du hast Glück gehabt", gab Heather zu.

Mandy sah über die Schulter. „Da kommen Aileen und Mike und Christina."

„Frohes neues Jahr!", sagte Aileen, als sie mit großen Schritten den Weg hinaufkam. Auf dem Arm trug sie ihre Tochter Christina, die am ersten Weihnachtsfeiertag zwei geworden war. Christina hatte die funkelnden, haselnussbraunen Augen ihrer

Mutter und die blonden Haare ihres Vaters geerbt. Am liebsten spielte sie mit dem rothaarigen Kevin McLean, Cindys kleinem Bruder, der im Mai zwei werden würde.

„Das wünsche ich euch auch." Cindy zitterte, als ein eisiger Windstoß ihr fast die Tür aus der Hand riss. „Lasst uns reingehen!"

Bald war das Haus von Lachen, Gesprächen und dem Klappern von Tellern und Besteck erfüllt. Etwas später stießen auch Len, der alte Gestütsmeister von Whitebrook, und Vic Teleski und Phillip Marshall, zwei der fest angestellten Pferdepfleger und Arbeitsreiter, zur Party dazu. Sie stampften den Schnee von ihren Stiefeln, als sie eintraten. „Was für ein Schneesturm!", sagte Len.

„Kommt rein, drinnen ist es gemütlich." Beth hob Kevin hoch und setzte ihn neben Christina auf den Boden.

Cindy ging zum Fenster und schob den Vorhang beiseite. Die Schneeflocken wirbelten durch die Luft und dämpften die gelblichen Lichter, die von den Ställen herüberschienen. „Wenigstens bleibt der Schnee in Kentucky meistens nicht lange liegen", sagte sie. „Ich wollte morgen Champion reiten und mit der Vorbereitung für die Rennen in Florida anfangen."

„Ist das dein guter Vorsatz fürs neue Jahr, Champion auf die Rennen vorzubereiten?", fragte Samantha lächelnd. Die rothaarige Samantha studierte an der University of Kentucky und war in ihrem letzten Jahr. Nach ihrem Abschluss wollte sie als Trainerin und Arbeitsreiterin auf Whitebrook arbeiten.

„Könnte man so sagen", entgegnete Cindy und ließ den Vorhang fallen. „Ich muss anfangen, ihn auf die Triple-Crown-Rennen vorzubereiten."

Ian sah vom Büffettisch zu ihnen herüber und lächelte. „Wir setzen große Hoffnungen auf Champion im kommenden Jahr."

„Wir sollten uns alle überlegen, was wir im neuen Jahr noch besser machen können." Aileens braune Augen blickten nachdenklich. „Es sollte ein gutes Jahr für Whitebrook werden. Aber es wird sich auch vieles ändern."

„Zum einen haben wir einen neuen Zuchthengst", sagte Mike und legte den Arm um Aileens Schultern.

Cindy wusste, dass er von Mr. Wonderful sprach, Wunders zweitem Sohn. Einst der größte Star des Whitebrook-Rennstalls, hatte sich Mr. Wonderful im vorigen Jahr mit einem rätselhaften Virus infiziert und den Hollywood Gold Cup und das Pacific Classic verloren. Der wunderschöne Hengst hatte sich inzwischen von der Infektion erholt, doch Aileen hatte beschlossen, ihn im Alter von vier Jahren aus dem Rennen zu nehmen und als Zuchthengst einzusetzen.

„Wenn Mr. Wonderful nur halb so gut ist wie Wunder, die Eigenschaften Schnelligkeit, Ausdauer und Mut an seine Nachkommen zu vererben, wird er ein erfolgreicher Deckhengst werden", sagte Aileen. „Aber ich will eigentlich nicht noch mehr Hengste in unser Programm aufnehmen. Wir wollen nicht, dass Whitebrook viel größer wird, als es jetzt ist. Ich sehe uns gerne als kleinen, aber feinen Qualitätsbetrieb."

Len stand von seinem Stuhl auf. „Ich werd mal runter zu den Ställen gehen und nach den Pferden sehen", sagte er. „Ich schicke Mark rauf."

Cindy wusste, dass Mark Collier, der andere Pferdepfleger von Whitebrook, in den Ställen geblieben war, um die Pferde im Auge zu behalten.

„Ich begleite Sie." Dr. Smith stand auf. „Ich möchte mal einen Blick auf Heavenly Choir werfen."

„Wir kommen auch bald nach, Len", sagte Aileen. Sie wandte sich zu Cindy. „Uns steht ein wichtiges Jahr bevor, und ich meine nicht nur die Triple Crown oder Glorys erste Fohlen. Honor Bright, Black Stream und Lucky Chance sind jetzt offiziell Jährlinge. Sie müssen dieses Jahr angeritten werden."

Cindy setzte sich auf einen Stuhl neben Aileen, um nichts zu verpassen, was sie über Honor sagte. Das eindrucksvolle braune Stutfohlen war die Tochter von Townsend Princess und Wunders Enkeltochter und galt als das vielversprechendste Fohlen ihres Jahrgangs auf Whitebrook. Cindy konnte es kaum erwarten, das aufgeweckte junge Pferd auf der Trainingsbahn zu sehen.

Ich glaube, Black Stream ist Aileens Favorit unter den Jährlingen, dachte Cindy. Black Stream war die Tochter von Wirbelwind, Aileens anderer berühmter Rennstute. Lucky Chance war die Tochter von Samanthas geliebter Stute Shining, die wiederum eine Halbschwester von Wunder war.

Aileen nickte Cindy und Samantha zu. „Wir sind drei und es sind drei kleine Stuten", sagte sie. „Das macht im Sommer eine für jede von uns, wenn wir anfangen, sie einzureiten."

Cindy war wie vom Blitz getroffen. „Du willst mich wirklich eine von ihnen reiten lassen?", fragte sie. Ein breites Strahlen breitete sich über ihr Gesicht aus. Cindy hatte bisher angenommen, dass Aileen und Samantha alle drei dieser herausragenden Jährlinge reiten würden.

„Klar", antwortete Aileen lächelnd. „Bist du dabei?"

„Und ob!" Cindy fragte sich, welche der jungen Stuten sie reiten sollte. Ich würde ja so gerne Honor reiten, aber vielleicht will Aileen sie selbst übernehmen. Cindy wusste, dass Aileen natürlich auch die Bedürfnisse der jungen Pferde berücksichtigte, wenn sie die Reiter zuteilte. Cindy würde die Stute bekommen, die am besten zu ihr passte.

Sie lehnte sich auf ihrem Stuhl zurück und lächelte. Sie fühlte sich ein wenig benommen. Ganz gleich, welches Pferd ich bekomme, das neue Jahr fängt schon wunderbar an!, dachte sie.

Samantha hob ihr Sektglas. „Es ist gleich zwölf Uhr – lasst uns mit dem Silvester-Countdown anfangen!"

Cindy hob ihr Glas, das mit Cidre gefüllt war, und zählte mit ihrer Familie und ihren Freunden die Sekunden bis zum Jahreswechsel. „Zehn ... neun ... acht ..."

Christina lief mit wackligen Schritten auf Aileen zu und blickte zu ihr hoch. „Na, du bist ja ein richtiger Partylöwe", sagte Aileen lachend. „Ich glaube, deine Schlafenszeit war schon vor fünf Stunden. Zähl mit mir. Drei ... zwei ... eins ..." Christina gab sich alle Mühe, mit ihrer Mutter zu zählen.

„Frohes neues Jahr, allerseits!", rief Cindy. Cindy, Max und Heather stießen an. „He, Mandy ist eingeschlafen", sagte Max. Das jüngere Mädchen schlief tief und fest in einem Sessel, die schwarzen Locken fielen über sein Gesicht.

„Mandy ist heute stundenlang geritten, sie ist wahrscheinlich völlig fertig", sagte Tor Nelson, Samanthas langjähriger Freund. Tor war erst spät zur Party gestoßen, nachdem er alle Pferde des Springstalls versorgt hatte, den er zusammen mit seinem Vater führte. Tor war Mandys Springlehrer.

Glücklich stand Cindy auf. Sie war ganz aufgekratzt von der Partystimmung und der wunderbaren Neuigkeit über die drei jungen Stars des Gestüts. Das neue Jahr versprach, ein ganz fantastisches zu werden, und sie konnte kaum erwarten, dass es richtig losging. „Lasst uns die Pferde besuchen – sie sind jetzt alle ein Jahr älter", schlug sie vor.

Die Haustür flog auf und ein Stoß frischer Winterluft fegte durch den Raum. Lens Kopf erschien in der Tür. „Frohes neues Jahr", sagte er. „Kommt alle runter zum Stall. Ich habe eine Überraschung."

Cindy starrte den Gestütsmeister an. Nur eins konnte Len so zum Strahlen bringen. „Heavenly Choir hat ihr Fohlen bekommen!", stieß sie hervor.

„Und ob." Len zwinkerte ihr zu. „Ein Stutfohlen. Ich hätte euch ja alle dazugeholt, aber es ging so schnell. Dr. Smith und Mark sind bei ihnen."

„Das ist so wunderbar – ich muss sie sofort sehen!" Cindy schnappte sich ihren Mantel und stürzte aus der Tür. Max, Heather und Mandy rannten ihr hinterher.

„Len, ist mit dem Fohlen alles in Ordnung?", fragte Aileen. Sie klang besorgt. „Es ist fast einen Monat zu früh."

„Es ist auf den Beinen und trinkt", beruhigte Len sie.

In der stillen, eisigen Nacht stapfte Cindy durch den hohen Schnee. Die dunklen Wolken hatten sich verzogen und ein niedriger Mond hing über dem Horizont. Die glatten, unberührten Schneeflächen reflektierten sein fahles weißes Licht. Cindy zitterte vor Kälte und gespannter Erwartung. Ich weiß einfach, dass Glorys Fohlen genauso schön und perfekt sein wird wie diese Nacht, dachte sie.

Der Stutenstall wurde beleuchtet vom schwachen Schein der zwei Nachtlampen, er war still und friedlich. Aus Heavenly Choirs Box am hinteren Ende des Stalls schien ein helleres Licht.

In der Box stand die große Schimmelstute ganz still mit gesenktem Kopf. Hinter ihr sah Cindy nur das schnelle Wedeln eines kurzen Schwanzes. Dr. Smith trat gerade aus der Box.

„Kann ich reingehen?", fragte Cindy aufgeregt.

„Sicher. Du weißt ja, wie du dich verhalten musst." Dr. Smith lächelte.

Leise öffnete Cindy den Riegel der Boxentür und ging auf Heavenly Choir zu. „Hallo, mein Mädchen. Ich bin's nur."

Die Stute schnaufte erschöpft und drehte dann den Kopf, um ihr Fohlen zu beschnuppern. Cindys Herz klopfte erwartungsvoll, als sie um Heavenly Choir herumging, um ihren ersten Blick auf Glorys Fohlen zu werfen.

Das fast schwarze Neugeborene stand wacklig auf seinen langen dünnen Beinen. Auch seine kurze, flaumige Mähne und der wuschelige Schweif waren fast schwarz. Das Fohlen starrte Cindy an, seine großen Augen leuchteten im Dämmerlicht.

„Na, komm her", flüsterte Cindy, überwältigt vor Freude. „Lass mich dich mal richtig ansehen." Das Fohlen machte ein paar steife Schritte in ihre Richtung. Dann schwankte es und fiel beinahe um.

„So ist's fein", ermunterte Cindy das kleine Pferd. „Du bist aber wirklich eine Hübsche."

Ermutigt durch Cindys Stimme, stakste das Fohlen vertrauensvoll auf sie zu. Es wölbte seinen hübschen dunklen Hals und schnupperte an Cindys Fingern.

„Sie sieht genauso aus wie Glory!", rief Cindy und fuhr mit der Hand behutsam über die Schulter der winzigen Stute. Sie drehte sich zu Dr. Smith, ihrer Familie und ihren Freunden um. „Glorys erstes Fohlen kommt genau nach ihm!", fügte sie hinzu.

„Ja, das tut sie", pflichtete Dr. Smith ihr bei. „Sie ist ein bisschen klein, aber völlig gesund, soweit ich sehen kann."

„Sie könnte gar nicht hübscher sein." Cindy kniete sich neben das Fohlen und umarmte es vorsichtig.

„Das wird auch niemand bestreiten." Aileen strahlte über das ganze Gesicht.

„Sie ist richtig schwarz!", bemerkte Mandy, die sich über die Boxentür lehnte.

„Ihr Maul ist schon ein bisschen heller", sagte Dr. Smith. „Sie wird ein Schimmel. Schimmel werden dunkel geboren und werden dann mit dem Alter heller."

Cindy hockte sich hin und betrachtete das Fohlen. „Du bist am ersten Tag des neuen Jahres geboren", sagte sie. Das kleine Fohlen blickte sie aufmerksam an. „Ich glaube, du wirst immer die Erste sein, dein ganzes Leben lang!"

„Wir haben wirklich Glück gehabt, dass sie nicht einen Tag früher gekommen ist", sagte Samantha. „Dann wäre sie heute ein Jahr alt geworden, wenigstens offiziell."

Plötzlich knickten die langen Beine des Fohlens unter ihm weg und es plumpste ins Stroh. „Du bist müde, nicht wahr?", sagte Cindy mit weicher Stimme. „Das war ein großer Tag für dich."

Sie setzte sich ins Stroh und legte den Kopf des Fohlens behutsam in ihren Schoß. Die Box war warm und still und das Fohlen schlief. Heavenly Choir döste im Stehen.

Cindys Herz füllte sich mit Liebe, Stolz und Glück. Alle Hoffnungen für ein neues Jahr und ein neues Leben lagen hier in dieser Box. Es war wie Weihnachten, dachte Cindy.

Cindy berührte mit der Wange das weiche Fell des Fohlens und schloss die Augen. Da brauche ich nicht lang zu überlegen, wie du heißen sollst, dachte sie. Du bist Glorys Joy – Glorys Freude – und auch meine.

Kapitel 2

„Langsamer Trab, Cindy!", rief Aileen am folgenden Morgen, als Cindy Champion im Schritt durch die Öffnung in den Rails auf die eine Meile lange Trainingsbahn von Whitebrook ritt. „Eine Runde."

„Alles klar." Cindy nahm Champions Zügel auf und blickte nach vorne zum ersten Bogen der Bahn. Auf dem Boden des Geläufs glitzerten die Eiskristalle und der Dunst des schmelzenden Schnees hing wie schwerer Atem über den Hügeln.

Cindy lächelte und sog genussvoll den sauberen Geruch des Tauwassers auf. Ich bin nur froh, dass der Schnee nicht liegen geblieben ist und ich mit Champion rausgehen kann, dachte sie. Cindy begann, den Hengst aufzuwärmen. Dies war der Auftakt für seine Vorbereitung auf das Fountain-of-Youth-Rennen in sechs Wochen. Anschließend sollte Champion auf dem traditionellen Weg zum Kentucky Derby im Florida Derby an den Start gehen.

Cindy verlagerte ihr Gewicht im Sattel leicht nach vorn, um anzutraben. Champion sprang sofort vorwärts, seine Bewegungen waren leicht und flüssig. Der große Hengst schielte zu ihr nach hinten und schlug mit dem Kopf. Sein Blick war zärtlich, aber gleichzeitig auch ein wenig schelmisch. Plötzlich zerrte er am Zügel und machte einen kleinen Hüpfer.

„Ich weiß, dass du gut aufgelegt bist, aber benimm dich, Champion", sagte Cindy warnend. Sie konnte solche kleinen Hopser zwar problemlos mit ihrem Sitz ausgleichen, doch der Hengst war zu weit Schlimmerem fähig. Champion war so talentiert, dass er die meisten seiner Rennen im Vorjahr zwar trotz allem gewonnen hatte, doch manchmal nur um Haaresbreite. Er hatte sich auf die Menschenmenge am Führring gestürzt, war in der Startbox gestiegen und hatte auf der Bahn andere Pferde gejagt.

Das war zum Teil meine Schuld gewesen, dachte Cindy. Nachdem Storm, Whitebrooks Sprintstar, im vorigen Frühjahr gestorben war, hatte Cindy sich nur schwer auf Champions Training konzentrieren können. Doch in den schwierigen Monaten nach Storms Tod hatte Wunders prachtvoller Sohn mehr von ihr gefordert als nur ihre Zeit und Aufmerksamkeit. Es war schließlich die Liebe zu Champion gewesen, die Cindy geholfen hatte, über den Verlust von Storm hinwegzukommen.

Die frische, kalte Luft brannte auf ihren Wangen, während Champion weitertrabte und den Kopf schüttelte. Cindy warf ihren blonden Pferdeschwanz über die Schulter und setzte sich tief in den Sattel. „Ich habe dich wahrscheinlich schon hundertmal geritten, aber ich kann immer noch nicht fassen, wie weich dein Trab ist", murmelte sie.

Champions Ohren drehten sich beim Klang ihrer Stimme nach hinten. Cindy lächelte und streckte die Hand aus, um die glatte, seidige Schulter des Hengstes zu streicheln. Im Nu hatten sie eine Runde um die Bahn zurückgelegt.

„Und jetzt?", rief Cindy Aileen zu. Cindy sah ihren Vater und Mike den Weg zum Bahneingang heraufkommen, gefolgt von Samantha auf Limitless Time. Der braune dreijährige Sohn von Wirbelwind war zwar als Zweijähriger in einem Rennen gestartet, doch nur Vorletzter geworden. Cindy wusste, dass ihr Vater, der den Hengst trainierte, hoffte, Limitless Time wäre inzwischen etwas gereift und würde als Dreijähriger mehr Erfolg haben.

„Lass uns Champion heute nur im Trab halten", sagte Aileen, die den Hengst prüfend musterte. „Reit noch ein paar Runden, damit er sich wieder an die Bahn gewöhnen kann – und an dich."

Champion blickte mit wachen, leuchtenden Augen auf die Bahn. „Also gut, Champion", sagte Cindy. „Versuchen wir erst mal einen Zirkel." Beim leichten Annehmen eines Zügels drehte Champion einen sauberen engen Kreis, bis sein Kopf wieder in Richtung Eingang wies.

Cindy nickte zufrieden.

„Gut", sagte Aileen. „Er hat nicht vergessen, was er gelernt hat."

„Das habe ich eigentlich auch nicht erwartet." Champion ist eines der klügsten Pferde, die ich kenne, dachte Cindy. Genau das war einer der Gründe für die Trainingsschwierigkeiten mit ihm gewesen. Der Hengst vergaß nie, was er einmal gelernt hatte, ob richtig oder falsch.

Cindy ließ Champion wieder antraben, und der Hengst sprang schnaubend vorwärts. Er schien zu fordern: Jetzt aber los!

„Tut mir Leid, mein Junge", sagte Cindy lachend. „Aileen will einen langsamen Trab sehen – keinen Renngalopp."

Cindy warf einen Blick über die Schulter, als sie ein schnelles Schnauben hinter sich hörte. Silken Maiden, eine vierjährige braune Stute, kam mit Mark im Sattel an der Innenseite heran. Sie hatten Silken Maiden bei der Keeneland-Auktion für ausgewählte Jährlinge erstanden. Die Stute mit der glänzenden Abstammung – drei Champions unter den unmittelbaren Vorfahren – war lange verletzt gewesen und erst gerade wieder ins Training gegangen.

„Hallo, Cindy!" Mark hob kurz die Hand.

„Morgen, Mark." Champion sprang ein wenig zur Seite und Cindy konzentrierte ihre Gedanken rasch wieder auf ihr eigenes Pferd. Champion konnte ganz schön schwierig sein, besonders, wenn andere Pferde in der Nähe waren. Automatisch fasste Cindy die Zügel kürzer. Dann ermahnte sie sich, nicht schon im Voraus mit Schwierigkeiten zu rechnen. Champion reagierte ziemlich allergisch, wenn man ihm misstraute.

Zu Cindys Erleichterung ließ Champion die braune Stute anstandslos vorbeiziehen und zuckte kaum mit den Ohren. „Braver Junge", lobte sie und streichelte Champions dunkelbraunen Hals. „Du brauchst dich jetzt nicht zu ärgern, weil wir nicht gegen sie rennen. Du scheinst zu wissen, dass wir uns nur aufwärmen. Vielleicht lässt du ja dieses Jahr die anderen Pferde in Frieden."

Cindy wusste, dass Champion sich jetzt mit ganzem Herzen auf die Arbeit konzentrieren musste. Es ging auf die Triple-Crown-Rennen zu und er würde seinen ganzen Mut und sein ganzes Talent brauchen, um es mit den besten Pferden der Welt aufzunehmen.

„Ich frage mich, wie du dich als Dreijähriger machen wirst", sagte Cindy zu dem Hengst. Champion stieß seinen weißen Atem in die graue Morgenluft und warf die Beine hoch. Seine Hufe saugten sich schmatzend in den nassen Sand der Bahn. „Du hast

Wunders Mut, und du bist auch genauso lieb und anhänglich wie sie – zumindest bei Menschen, die du magst. Doch du hast auch eine wilde Seite an dir, wie dein Vater Townsend Victor. Aber ich glaube, du hast das Talent von beiden Eltern geerbt."

Champion schielte zu ihr nach hinten, während seine Hufe im gleichmäßigen Takt den weichen Boden aufwühlten. Cindy war froh, dass der Hengst gut mit dem tiefen Boden zurechtzukommen schien. Doch natürlich trabten sie nur. Im vorigen Jahr hatte Champion die Kentucky Cup Juvenile Stakes auf tiefem Boden verloren. Doch der Zustand des Bodens war womöglich nicht der einzige Grund für seine Niederlage gewesen. Champion hatte sich von Secret Sign, einem Pferd, das er nicht ausstehen konnte, ablenken lassen.

„Wirst du dieses Jahr auf andere Pferde losgehen?", fragte Cindy Champion und blickte über die Bahn. Vic und Freedom's Ring, ein dreijähriger Rapphengst, ritten gerade durch den Eingang. „Wir wollen mal etwas ausprobieren", murmelte sie und nahm die Zügel auf. Aus irgendeinem Grund hatte Champion Vic oder Freedom noch nie leiden können. Cindy wollte wissen, wie Champion sich verhalten würde, wenn sie ihn in ihre Nähe ritt.

Aileen gab Vic am Eingang Anweisungen. Cindy hatte den Eindruck, dass Champions Ohren sich ein wenig nach hinten bewegten, als sie sich Freedom näherten. Sie hoffte, es war bloß Einbildung. „Hallo, Vic", sagte sie. „Ist es okay, wenn ich ein paar Minuten neben dir herreite?"

Vic verzog das Gesicht. „Ich weiß nicht, Cindy. Champion mag mich einfach nicht. Warum willst du es drauf anlegen?"

„Weil du nicht der Einzige bist, den Champion nicht mag", sagte Aileen. „Und wichtiger noch, Champion mag Freedom nicht. Lass es uns mal probieren und Champion im langsamen Tempo neben euch beiden gehen lassen, Vic. Vielleicht benimmt sich Champion ja heute Morgen. Wenn nicht, müssen wir uns etwas überlegen, wie wir ihm das abgewöhnen können."

„Na gut." Vic klang nicht begeistert.

Cindy beobachtete Champion genau, als sie im Schritt anritten. Champion ging an der Innenseite. Der Hengst hielt Abstand zu Freedom und seine Ohren waren nach vorne gestellt. So weit, so gut, dachte sie.

„Lass uns mal antraben", schlug Vic vor. Bevor Cindy antworten konnte, hatte er Freedom in die schnellere Gangart angetrieben.

Champion legte die Ohren an. „Vorsicht!", schrie Cindy. Im nächsten Augenblick wusste Cindy, dass Champion es nicht dabei belassen würde. Der Hengst zog scharf nach außen und versuchte, Freedom abzudrängen. Er will Freedom überholen, aber so geht das nicht!, dachte sie verzweifelt.

Cindy zog Champions Kopf nach innen und drückte den äußeren Schenkel an. Der sensible Hengst bewegte sich gerade so weit zur Seite, dass er Freedom nicht anrempelte. Doch er hatte das Maul aufgerissen und versuchte nun, Vic zu beißen. Die Kiefer des Hengstes schnappten in der Luft zu.

Cindy trieb Champion in einem schnellen Trab vorwärts und zog Freedom davon. „Champion, das war fürchterlich", schimpfte sie. „Was ist nur in dich gefahren?"

Ohne ein Fünkchen Reue zu zeigen, schüttelte der Hengst seine seidige Mähne und trabte weiter. Er schien zufrieden, dass er die Führung übernommen hatte. Vic hielt den Rappen in sicherem Abstand hinter ihnen.

„Das war knapp!", rief Vic.

„Champion wollte dich auf keinen Fall vor sich haben." Cindy schüttelte den Kopf.

Sie blickte zurück zum Eingang. Aileen stand reglos da und schien angestrengt nachzudenken. Cindy war sicher, dass sie wusste, worüber Aileen nachdachte.

Wir haben immer noch ein Problem mit Champion, sagte sie zu sich, während die raschen Tritte des Hengstes sie schnell um die Bahn trugen. Wenn ich es dieses Jahr nicht lösen kann, wird er nicht in den Triple-Crown-Rennen starten. Er könnte sich verletzen – vielleicht sogar tödlich.

* * * * *

„Ich komme mir vor wie im Kino", sagte Heather, als sie am Nachmittag in Cindys Wohnzimmer nach der Popcorntüte griff. Cindy hatte ihre Freundin nach Whitebrook eingeladen, um sich Videos von den Rennen von Townsend Victor, Champions Vater, anzusehen. Gerade hatten sie sich das Video von Wunders Sieg im Kentucky Derby angesehen.

„Es ist besser als das – im Kino zeigen sie selten Filme über berühmte Rennpferde." Cindy legte die Füße auf einen Hocker und konzentrierte sich auf den großen Bildschirm. Townsend Victor lief im Jim-Beam-Rennen, einem Vorexamen für die Triple Crown. Cindy sah das Video nicht zum ersten Mal und sie wusste, dass dies Townsend Victors letztes Rennen war.

Cindy lehnte sich auf ihrem Stuhl nach vorn und ließ den wundervoll mühelosen Laufstil des prächtigen Hengstes auf sich wirken, der gerade durch den Schlussbogen fegte und in die Zielgerade einlief. Sie konnte Townsend Victors Freude an der Geschwindigkeit fast spüren, als er sechs Längen vor dem Rest des Feldes auf das Ziel zujagte.

„Er ist ein schönes Pferd", sagte Heather. „Er sieht genauso aus wie Champion."

„Ja, das stimmt. Er hat die gleiche Farbe und den gleichen Körperbau." Cindy runzelte die Stirn. „Und Townsend Victor läuft auch so wie Champion. Darum guck ich mir das hier an."

„Er hatte genauso einen Turbo wie Champion, oder?", fragte Heather.

„Ich glaube – ich versuche, es herauszufinden." Cindy stützte das Gesicht in die Hand und zeigte dann auf den Fernseher. „Sieh dir das an. Da kommt Pacesetter an der Außenseite, um anzugreifen, und bedrängt Victor ein bisschen … da!" Cindy hielt das Band an. „Das ist genau der Punkt, an dem Victor in seinen Turbogang schaltet."

Cindy kniff konzentriert die Augen zusammen und studierte die Bewegung des schönen Hengstes in der Flugphase des Galoppsprungs.

„Er hebt so hoch vom Boden ab, es sieht fast aus, als ob er springt", sagte Heather.

„Ja. Aber ich glaube nicht, dass er wirklich noch einen höheren Gang hat", sagte Cindy. „Es ist einfach ein unglaublicher Endspurt. Wenn Victor oder Champion angegriffen werden, drehen sie noch einmal unheimlich auf."

„Allerdings", sagte Heather. „Victor fliegt ja geradezu." Cindy blickte noch eine Sekunde auf das Videostandbild; ihre Hand schwebte über der Fernbedienung. Townsend Victor hatte vor Kraft und Leben so gestrotzt. Cindy konnte es kaum ertragen, das Band weiterlaufen zu lassen. Sie wusste, dass Townsend Victor sich nach ein oder zwei Galoppsprüngen verletzte und niemals wieder rennen konnte.

Tu's einfach, befahl sie sich und nahm die Fernbedienung. Du musst verstehen, was da passiert ist.

Cindy drückte auf Play. „Jetzt sieh hin. Victor bleibt nicht in diesem Galopp."

Die Mädchen sahen zu, wie Townsend Victor den Kopf herumriss, das andere Pferd anstarrte und in der Geschwindigkeit zurückfiel. Victors Jockey versuchte, den Kopf des Hengstes herumzuziehen, doch es war zu spät.

Townsend Victor brach scharf nach außen aus und stürzte sich auf den anderen Hengst. Doch bevor Victor ihn erreichen konnte, wurde er plötzlich dramatisch langsamer. Im nächsten Augenblick war er hinter Pacesetter zurückgefallen. Er lahmte stark auf dem rechten Vorderbein. Cindy konnte sehen, wie der Jockey versuchte, ihn sofort zu bremsen, doch Victor wehrte sich mit jedem Schritt. Erst kurz hinter der Ziellinie gelang es dem Jockey, ihn zum Stehen zu bringen.

Cindy seufzte schwer. Das ging alles so schnell, dachte sie.

Die Mädchen schwiegen einige lange Sekunden. „Wie hat Victor sich denn verletzt?", fragte Heather schließlich. „Es sah so aus, als hätte er das Rail überhaupt nicht berührt."

„Hat er auch nicht. Er ist einfach aus dem Tritt gekommen und hat plötzlich zu viel Gewicht auf das rechte Vorderbein verlagert." Cindy hielt das Video an und spulte es zurück.

„Meinst du, der Jockey war schuld?", fragte Heather.

„Nein, eigentlich nicht." Cindy lehnte sich auf ihrem Stuhl zurück und runzelte die Stirn. „Victor ist immer furchtbar schnell außer Kontrolle geraten. Vielleicht hätte der Jockey bei ihm auf so etwas vorbereitet sein sollen, als das andere Pferd ihm so nahe kam."

„Nicht leicht, sich das anzusehen." Heather sah auf ihre Fingernägel.

„Nein, das ist es nicht", stimmte Cindy zu. Jedes Mal, wenn sie sich das Video von Victors letztem Rennen ansah, wurde ihr fast schlecht vor Angst. „Und ich habe es schon oft gesehen. Aber Champion läuft so sehr wie sein Vater und er hat auch einen sehr ähnlichen Charakter. Ich muss verhindern, dass wir bei ihm die gleichen Fehler machen."

„Aber Champion ist immer gut behandelt worden. Hast du nicht gesagt, dass ein Jockey Victor misshandelt hat, bis er durchgedreht ist?", fragte Heather.

Cindy nickte. „Victor war ein Pferd von Townsend Acres und die Townsends haben nichts dagegen unternommen, dass Victors erster Jockey ihn geprügelt hat. Victor hat wahrscheinlich seitdem Menschen gehasst. Als wir uns jetzt das Jim-Beam-Rennen angesehen haben, habe ich sogar gedacht, Victor ist auf den anderen Jockey losgegangen und nicht auf Pacesetter."

„Auf jeden Fall hat Victor seinem eigenen Jockey nicht gehorcht", sagte Heather.

„Nein, und das ist schlimm. Deswegen ist der Unfall passiert." Cindy stand auf und streckte sich. „Komm, lass uns jetzt zu Champion gehen und ihm zeigen, dass wir ihn lieben." Sie wollte aus dem Haus hinauskommen und die furchtbaren Bilder vergessen.

„Du gibst Champion jeden Tag so viel Liebe." Heather lächelte.

„Ja, aber heute habe ich einen besonderen Grund dazu." Cindys Mund war immer noch ganz trocken nach dem schrecklichen Video. „Champion soll wissen, dass es Menschen auf der Welt gibt, denen er vertrauen kann. Ich will nicht, dass Champions Laufbahn so endet wie Townsend Victors."

Kapitel 3

„He, Cindy!" Laura Billings rannte am ersten Schultag nach den Weihnachtsferien den Gang in der Henry Clay High School hinunter. „Warte."

Cindy blieb vor dem Raum ihres Englischkurses stehen und winkte einigen anderen Bekannten zu. Es ist schön, sich hier zu Hause zu fühlen, dachte sie. Jetzt, wo das zweite Halbjahr anfängt, fühle ich mich wie eine richtige High-School-Schülerin.

Laura blieb ganz außer Atem vor Cindy stehen.

„Langsam, immer mit der Ruhe, Laura", sagte Cindy und lachte. Laura, die auch in die neunte Klasse ging, war einer der quirligsten, lebhaftesten Menschen, die Cindy kannte. Cindy aß oft zusammen mit Laura und einigen anderen Freunden aus ihrer Stufe zu Mittag.

„Langsam geht nicht", sagte Laura und strich sich die dunkelbraunen Ponyfransen aus den Augen. „Wir haben nach der Schule ein Treffen vom Veranstaltungskomitee und ich muss noch ungefähr sechs anderen Leuten vor dem Unterricht Bescheid sagen. Wir wollen uns nur kurz treffen, um den Winterball zu planen."

„Heather hat mir schon von dem Treffen erzählt." Cindy war im vorigen Herbst dem Veranstaltungskomitee der neunten Stufe beigetreten. Das Komitee organisierte Bälle und andere besondere Veranstaltungen für die Schüler der neunten Klasse. „Ich komme", fügte sie hinzu. Manchmal musste Cindy die Treffen ausfallen lassen, weil sie mit den Pferden zu Hause so viel zu tun hatte.

„In Ordnung." Laura war schon wieder auf dem Weg. „Sag Max Bescheid, ja?"

„Klar." Cindy hatte in der nächsten Stunde mit Max zusammen Englisch. Cindy war schon fast zu spät zum Unterricht und hatte kaum noch Zeit, sich neben Max zu setzen, bevor ihre neue Lehrerin, Ms. McGaughey, anfing, die Anwesenheitliste aufzurufen.

„Dies wird kein leichter Kurs werden", warnte die Lehrerin sie, nachdem sie den letzten Namen aufgerufen hatte. „Einige von euch sind vielleicht bisher immer ohne viel Aufwand durchgekommen, aber hier werdet ihr arbeiten müssen. Ich betrachte diesen Kurs als Vorbereitung auf das College."

Cindy zog die Augenbrauen hoch und sah Max an. Er schüttelte den Kopf.

„Jeden Donnerstag gibt es einen mündlichen Test und für jeden Freitag wird eine Buchbesprechung vorbereitet", fuhr Ms. McGaughey fort.

Cindy und der Rest der Schüler stöhnten geschlossen auf. Wenigstens kann das College danach auch nicht mehr härter werden!, dachte sie. Max rollte die Augen.

Cindy lehnte sich über den Mittelgang. „Treffen des Veranstaltungskomitees nach der Schule", flüsterte sie.

„Alles klar", sagte Max.

„Ms. McLean und Mr. Smith", rief die Lehrerin ironisch. „Das ist hier keine Plauderstunde."

Cindy lehnte sich auf ihrem Stuhl zurück und faltete die Hände. Nachsitzen hätte ihr jetzt gerade noch gefehlt, zusätzlich zu Test und Buchbesprechung gleich in der ersten Woche. Ich bin jetzt besser brav wie ein Engel für den Rest der Stunde, dachte sie mit einem Seufzer. Sonst sehe ich bis zum Frühling keine Pferde mehr – sondern werde jeden Tag hier sitzen, bis es dunkel ist.

* * * * *

Das Veranstaltungskomitee der neunten Klasse traf sich nach der Schule in einem der Bibliothekssäle. Zwischen den hohen Bücherregalen ging Cindy dem Klang der Stimmen ihrer Freunde nach. Sie mochte den Geruch von Papier, Tinte und alten Büchern.

Die restlichen Mitglieder des Komitees hatten bereits um den großen Konferenztisch Platz genommen. „Hallo, Cindy." Laura, die Vorsitzende, saß am Kopf des Tisches. „Wir überlegen gerade, welches Motto der Ball haben soll. Heather hat etwas mit Wintersport vorgeschlagen. Wir könnten die Tanzfläche als Eisbahn dekorieren und Berge und Skifahrer auf Papier malen und die Wände damit behängen."

„Klingt doch gut." Cindy legte ihre Bücher auf den Tisch. In der Regel hatte sie keine Zeit für Wintersport, doch Eis laufen konnte sie ganz gut. Ein Sportmotto wäre gleichzeitig witzig und festlich, fand sie.

„Lasst uns doch mal etwas ganz Neues machen bei diesem Ball", sagte Melissa Souter. „Wie wäre es, wenn wir einen Teil der Einnahmen für einen wohltätigen Zweck spenden?"

„Wir könnten ein oder zwei Dollar auf den Eintritt aufschlagen", stimmte Max zu.

„Oder eine Tombola veranstalten", schlug Laura vor.

Cindy hob die Hand. „Wartet mal. Wir müssen uns überlegen, wofür das Geld gespendet werden soll."

„Ich hätte da schon eine Idee", sagte Heather schüchtern. „Meine Mutter arbeitet ehrenamtlich im Tierheim. Ich habe gehört, dass sie dringend Geld brauchen, um mehr Hunde und Katzen aufnehmen zu können."

„Das ist eine wunderbare Idee, Heather!", sagte Cindy begeistert. Sie konnte sich keine bessere Sache vorstellen. Wie die unerwünschten und ausgesetzten Tiere im Tierheim war auch Cindy einst eine Waise gewesen und von einer schlechten Pflegefamilie zur nächsten gereicht worden.

„Also, dann machen wir die Tombola doch auf dem Ball", stimmte Max zu. „Was sollen wir verlosen?"

„Vielen Schülern gefallen Heathers Bilder sehr gut", sagte Sharon Rogers. „Würdest du eins davon hergeben, Heather?"

Heather wurde rot. „Sicher", sagte sie. „Wenn ihr meint, dass die Leute so was wirklich haben wollen."

„Ja, klar wollen sie das." Cindy sah ihre Freundin an. Heather war die beste Künstlerin an der Schule. Manchmal macht Heather sich einfach zu klein, dachte Cindy.

„Wir sollten richtig gute Preise anbieten", sagte Susan Griegos. „Nicht nur den alten Plunder vom Speicher und so."

„Ich stifte einen Ritt auf einem Whitebrook-Vollblüter als Tombolapreis", bot Cindy an. „Wenn der Gewinner oder die Gewinnerin nicht reiten kann, nehmen wir eins der braveren, älteren Schulpferde. Aber wenn er oder sie schon Reiterfahrung hat, könnten wir sogar zusammen ausreiten."

„Toller Preis, Cindy", sagte Max. Einige der anderen nickten.

„Um mehr Geld zu sammeln, können wir ja auch Lose an ganze Familien verkaufen", sagte Melissa.

„Und an die ganze Schule, nicht nur an die neunte Klasse." Sharon nickte. „Die Gewinner müssen ja nicht unbedingt da sein, um ihren Preis abzuholen."

„Okay, das wäre also entschieden", sagte Laura. „Jetzt zu den organisatorischen Details. Heather, ich hoffe, du hilfst uns wieder bei der Dekoration."

Die Mitglieder des Komitees hatten schon bei zwei anderen Bällen zusammengearbeitet und bald stand das Programm für die Organisation. Als Termin wählten sie den dritten Februar.

„Möchtest du mit mir zum Ball gehen?", fragte Cindy Max, als sie ihre Stühle nach hinten schoben und aufstanden.

Max sah sie von der Seite an. „Klar, solange du mich nur als Freund fragst", scherzte er.

„Das tue ich." Cindy grinste. Sie wusste, dass Max auf eine ziemlich angespannte Zeit zu Beginn des Schuljahres anspielte, als er sie auf einen Ball eingeladen hatte. Cindy hatte die Einladung missverstanden und gedacht, er hätte sich in sie verliebt. Inzwischen hatten sie die Sache längst ins Reine gebracht. Manchmal gingen sie zusammen ins Kino oder zu anderen Veranstaltungen, aber nur als Freunde.

„Der Ball wird bestimmt fantastisch", sagte Cindy, als sie mit Max und Heather zu den Telefonzellen ging, um zu Hause anzurufen. „Sollen wir demnächst mal einkaufen gehen und nach neuen Klamotten gucken?", fragte sie Heather.

Heather nickte. „Ich kann es kaum erwarten zu sehen, wer mit wem hingehen wird", sagte sie.

„Ich auch nicht – und wer welchen Preis bei der Tombola gewinnt", pflichtete Cindy bei.

* * * * *

Direkt nach der Schule fuhr Cindy mit Samantha zu Tors Reitstall hinüber, um Mandy bei ihrer Springstunde zuzusehen.

Lange konnten sie und Samantha nicht bleiben, denn sie mussten bei den abendlichen Arbeiten auf Whitebrook helfen. Doch Samantha wollte wenigstens ein bisschen Zeit mit Tor verbringen und Cindy hatte Mandy seit Wochen nicht mehr reiten sehen. Sie war gespannt, welche Fortschritte ihre Freundin gemacht hatte.

„Es ist wirklich nett von dir, dass du mitkommst und Mandy zusiehst", sagte Samantha, als sie in die Zufahrt des Stalles einbog.

„Ich sehe ihr gerne zu." Cindy wusste, dass Mandy unglaublich hart trainierte. Mandy und ihr Pony Butterball waren bereits jetzt ein großartiges Springteam.

Samantha legte die Stirn in Falten. „Ich habe gehört, dass Mandys Eltern ihr zur Zeit nicht mehr so gerne beim Reiten zusehen. Sie meinen, dass sie zu leichtsinnig ist."

„Vielleicht manchmal." Mandy war ein paar Mal schwer gestürzt und oft trainierte sie bis zur völligen Erschöpfung. Doch sie gewann viele Turniere. „Glaubst du denn, dass Mandy zu leichtsinnig ist?", fragte Cindy.

„Nun ja, sie eine hervorragende Reiterin", räumte Samantha ein. „Und ich schätze, wir beide sind die Letzten, die etwas gegen riskantes Reiten sagen dürfen, denn wir reiten schließlich Rennpferde! Aber irgendwie ist es bei Mandy etwas anderes. Sie hat schon so viel durchgemacht in ihrem Leben."

Cindy wusste, wovon Samantha sprach. Mit fünf Jahren hatte Mandy einen Autounfall schwer verletzt überlebt. Inzwischen war sie fast wieder ganz gesund, doch Cindy konnte Mandys Eltern verstehen, wenn sie es nicht ertragen konnten, ihre Tochter in Gefahr zu sehen.

Springreiten ist ein gefährlicher Sport, dachte Cindy, während sie Samantha zum Stall folgte. Ich kann es Mandys Eltern nicht verdenken, dass sie sich Sorgen machen.

Jetzt im Winter wurde es früh dunkel und die Pferde waren bereits alle im Stall. Cindy besuchte gerne den Stall der Nelsons. Einige der Springpferde waren Vollblüter, ihre Lieblingspferde. Doch ihre Rennen fanden zwischen den Hindernissen im Springparcours statt, nicht auf der Rennbahn.

„Ich geh mal zur Reithalle, Tor suchen", sagte Samantha.

„Ich bleib noch hier." Cindy wollte sich noch die Pferde ansehen.

Als sie die breite Stallgasse im hell erleuchteten Stall hinunterging, steckte Top Hat, Tors ehemaliger Springchampion, seinen Kopf über die Boxentür, um sich ein paar Streicheleinheiten abzuholen.

„Du bist ein braver alter Junge, nicht wahr?", fragte Cindy und streichelte Top Hats Nüstern. Mit seinem Ramskopf und den überdimensionalen Ohren konnte Top Hat keinen Schönheitswettbewerb gewinnen, aber bei der National Horse Show hatte er schon den ersten Platz belegt.

Cisco, ein Schimmelwallach in der Box neben Top Hat, wieherte durchdringend. „Du bist bestimmt einsam, weil deine Besitzerin so viel weg ist", sagte Cindy mitfühlend. Cisco gehörte Yvonne Ortez, Samanthas bester Freundin früher auf der High School. Yvonne hatte Cisco vor Jahren bei der National Horse Show geritten. Heute arbeitete sie als Modedesignerin und Model in New York.

Cindy gab dem Wallach einen letzten zärtlichen Klaps. „Bis dann, alter Junge", sagte sie. „Ich gehe jetzt besser Mandy zugucken." Cisco wieherte noch einmal.

An der gegenüberliegenden Seite der Reithalle saß Mandy ganz ruhig auf Butterball, ihrem kleinen, karamellfarbenen Pony. Ein anspruchsvoller Parcours war in der Bahn aufgebaut: drei bunt gestreifte Steilsprünge und zwei Oxer, eine zweifache Kombination, ein Bürstensprung und ein Wassergraben. Einige der Hindernisse waren fast einen Meter hoch.

Cindy nahm auf der kleinen Tribüne neben Samantha Platz, um dem Springunterricht zuzusehen. Sie wusste, dass Mandy sich gerade auf den Parcours konzentrierte und sie noch nicht gesehen hatte.

Mandy nickte kurz und nahm die Zügel auf. Das kleine Pony steuerte mutig den ersten Steilsprung an und setzte mühelos drüber hinweg. Mandy blickte bereits zum nächsten Hindernis, einer zweifachen Kombination mit nur einem Galoppsprung Distanz zwischen den Hindernissen. Sie wendete Butterball nach dem Steilsprung rasch und erhöhte das Tempo, um die zweifache Kombination anzureiten.

Cindy lächelte, als sie das jüngere Mädchen auf die Hindernisse zustürmen sah. „Gut, Mandy", flüsterte sie. Samantha nickte.

Butterball nahm mühelos das erste Hindernis der Kombination. Nach einem raschen Galoppsprung dazwischen setzte er über das zweite. Mandys Blick war nach vorne gerichtet; sie hielt die Schultern gerade und drückte die Absätze tief nach unten. Ihre Haltung über dem Hindernis sah für Cindy perfekt aus.

Das Pony und das Mädchen galoppierten auf das nächste Hindernis zu, einen breiten Bürstensprung, und flogen mit Leichtigkeit drüber hinweg. Butterball ist klein, aber er gibt immer sein Bestes, dachte Cindy.

Sie sah auf ihre Uhr. Es war schon fast sechs. Das bedeutete, dass Mandy bereits seit einer Stunde ritt. Man merkt es ihr nicht an. Cindy fragte sich, ob Mandy schneller erschöpft war als andere, weil ihre Beine immer noch sehr schwach waren. Bestimmt, aber sie reitet trotzdem weiter, dachte sie.

„Das war gut, Mandy!", rief Tor, als Mandy den Parcours aus acht Hindernissen bewältigt hatte. „Komm mal eine Sekunde her."

Mandy ritt Butterball im Zirkel. Für einen Moment dachte Cindy, Mandy wollte den ganzen Parcours noch einmal nehmen. Dann parierte Mandy das Pony in den Trab und ritt im Leichttrab auf Tor zu.

„Du siehst gut aus, aber du nimmst die Hindernisse im Kopf immer noch ein bisschen vorweg und dann tut Butterball das auch", sagte Tor. „Deshalb springt ihr zu früh ab und Butterball muss viel weiter springen. Im Moment funktioniert das noch, weil er ein sehr gutes Springvermögen hat, aber höhere Hindernisse würdest du reißen. Du darfst es dir nicht angewöhnen, höher und weiter zu springen als nötig."

Mandy nickte ernst. Eine große, dunkelhaarige junge Frau betrat die Halle und sah sich lächelnd um.

„Yvonne!", schrie Samantha und sprang auf. „Ich wusste gar nicht, dass du hier bist!"

„Ich habe dich und Cisco einfach zu sehr vermisst", sagte Yvonne, während sie eilig zu den Sitzplätzen ging. „Hallo, Cindy – ich hab schon von den Wundern gehört, die du bei Champion bewirkt hast."

„Er ist ein tolles Pferd." Cindy hatte Yvonne schon ein paar Mal gesehen, wenn Yvonne in Kentucky zu Besuch war. Also hat sich Champions Ruhm schon bis nach New York herumgesprochen!, dachte sie.

Samantha und Yvonne fielen sich in die Arme. „Los, erzähl schon, was gibt's Neues in New York?", drängte Samantha.

Yvonne setzte sich auf die Bank neben ihre Freundin. „Ich bin furchtbar beschäftigt", gab sie zu. „Das Leben in New York ist so viel schneller! Besonders in der Modebranche – die Konkurrenz ist mörderisch. Aber ich habe den Traum noch nicht aufgegeben, eines Tages meine eigene Kollektion zu entwerfen."

„Das solltest du auch nicht", sagte Samantha. „Du hast so einen tollen Geschmack."

Da musste Cindy zustimmen. Yvonne trug enge Designerjeans, einen schwarzen Veloursblouson und schwarze halbhohe Reitstiefel. Ihre Haare waren zu einem französischen Zopf geflochten, und die rote Schleife brachte ihr glänzendes schwarzes Haar besonders zur Geltung. Cindy wusste, dass Yvonne spanische, Navaho-indianische und englische Vorfahren hatte. Sie war damals von New Mexico nach Kentucky gezogen und hatte zusammen mit Samantha die High School besucht.

„Und jetzt erzählst du mir, was es Neues auf Whitebrook gibt", sagte Yvonne. Bald waren die Freundinnen völlig in ihr Gespräch über die Pferde des Gestüts vertieft.

Cindy schlüpfte von der Tribüne, um Mandy hallo zu sagen. Mandy führte Butterball zum Rand der Bahn und schlug mit der Gerte gegen ihren Stiefel. „Hallo, Cindy", sagte sie. „Schön, dass du gekommen bist! Wie fandest du die Stunde?"

„Ich finde, du wirst immer besser", sagte Cindy ehrlich. Mandys Stiefel und Reithose waren völlig verstaubt und sie schien sich auf Butterball zu stützen, aber ihre dunklen Augen leuchteten. Butterball scheuerte seine kleinen Ohren an Mandys Arm und Mandy griff fest in seine zottelige Mähne.

„Aber ich bin mit Butterball an eine Grenze gestoßen." Mandy runzelte die Stirn. „Er ist einfach zu klein für die Art von Turnieren, an denen ich teilnehmen will."

„Na ja, vielleicht kann Tor ihn für dich verkaufen", sagte Cindy langsam. Sie konnte sich Mandy nicht ohne Butterball vorstellen. Das jüngere Mädchen ritt ihn seit Jahren.

„Aber ich will Butterball doch nicht verkaufen!" Mandy guckte bestürzt. Das Pony stupste sie an, als ob es sich das ebenso wenig vorstellen konnte. „Ich hoffe, meine Eltern lassen mich ihn für immer behalten. Nein, ich will ein zweites Pferd haben."

„Dabei könnte Tor dir auch helfen", schlug Cindy vor. „Er hört oft von Leuten, die ihre Pferde verkaufen wollen."

Mandy schob schon wieder die Stirn in Falten.

„Was ist?", fragte Cindy. Kein Wunder, dass Mandy Springpferde reitet, dachte sie. Sogar im Gespräch sind ihre Gedanken immer zwei Sprünge voraus!

„Ich will mir selbst ein Pferd ausbilden", sagte Mandy entschlossen.

Cindy spürte, wie ihr die Kinnlade runterfiel. „Aber das dauert Jahre!"

„Schon möglich." Mandy zuckte die Achseln. „Aber ich muss es tun. Ich werde ein absolutes Spitzenpferd brauchen. Ich will nämlich Vielseitigkeit reiten, weißt du. Auf jeden Fall will ich es mit Geländespringen versuchen. Ich denke, das würde mir liegen."

„Ist Geländereiten nicht noch gefährlicher als Springen?", fragte Cindy. „Ich meine, die Geländehindernisse sind fest, sie fallen nicht um, wenn man sie anschlägt, wie bei einem Springparcours."

„Ich weiß, ich weiß", sagte Mandy ungeduldig. „Ich werde sie eben nicht anschlagen. Das will ich ja gerade sagen – ich brauche ein richtig gutes Pferd fürs Gelände."

„Verstehe." Cindy bezweifelte nicht, dass Mandy ein gutes Pferd brauchte, wenn sie Geländereiten wollte. Doch sie fragte sich, ob Mandy sich da nicht ein wenig übernommen hatte. „Hast du deinen Eltern schon erzählt, dass du Vielseitigkeit reiten und dein eigenes Pferd ausbilden willst?", fragte sie.

Zum ersten Mal zögerte Mandy. „Noch nicht", gab sie zu.

Ich frage mich, was sie wohl dazu sagen, dachte Cindy. Ich habe so eine Ahnung, dass sie nicht besonders erfreut sein werden.

Kapitel 4

In den folgenden Wochen trainierte Cindy weiter intensiv mit Champion und baute langsam seine Kondition für das Fountain-of-Youth-Rennen im späten Februar auf. Der tiefste Winter ging vorüber und die Tage wurden langsam wieder wärmer. Nachmittags blieb es länger hell und Cindy konnte nach der Schule wieder mehr Zeit mit den Pferden verbringen.

Wenn der Schnee nicht zu tief war, ritt sie mit Champion in die umliegenden Hügel, um seine Kondition zu stärken. Leichtfüßig stieg der Hengst über Steine und Zweige, seine Muskeln waren kraftvoll und geschmeidig. Er sprang ausgelassen die Hänge hinauf und schüttelte den Kopf aus purer Freude darüber, an der frischen Luft zu sein.

Cindy genoss die Zeit mit ihrem Pferd. Manchmal ritt sie mit Champion zu dem kleinen Fluss, der durch Whitebrook floss. Dann hielt sie Champion am Ufer an und blieb für eine Weile ganz still sitzen. Sie lauschte dem Sprudeln des klaren, kalten Wassers über die Felsen und bewunderte Champions Schönheit. Sein samtenes Fell war wie ein dunkler Tupfer gegen den schneebestäubten Boden und sein edler Kopf bot das Bild des perfekten Vollblüters. Jedes Mal, wenn Cindy den Hengst ansah, füllte sich ihr Herz mit Stolz.

„Na, riechst du schon den Frühling?", fragte sie Champion eines Samstags, als sie im Stall den Sattelgurt festzog. Der Morgen im späten Januar war noch sehr kalt und graue Wolken hingen über den Hügeln in der Ferne. Doch Cindy hatte das Gefühl, sie spüre schon einen Hauch von Frühling in der feuchten, erdigen Luft.

Champion schüttelte seine dichte dunkle Mähne und schnaubte. Dann drehte er den Hals nach hinten, um Cindy anzusehen.

„Ich weiß, du willst los – für dich heißt Frühling Rennen", sagte Cindy und wuschelte mit der Hand durch die Mähne des Hengstes. „Ich will ja auch raus auf die Bahn."

Cindy führte den eifrigen Hengst aus dem Stall zu einem Aufsitzblock und schwang sich in den Sattel. Dann stellte sie die Steigbügel ein und ritt den Hengst im Schritt an.

Champions Muskeln spielten unter dem Fell und sein Hals wölbte sich, während er sich sichtlich bemühte, brav zu sein und in der langsamen Gangart zu bleiben. Die fahle Wintersonne schimmerte auf seinem tiefbraunen Fell.

Cindy spürte einen kurzen Stich. Dass er so großartig aussieht, heißt auch, dass er bald nicht mehr da ist, dachte sie. Schon in zwei Tagen sollte Champion nach Gulfstream transportiert werden, um mit dem intensiven Frühjahrstraining zu beginnen.

„Ich werde dich vermissen", sagte sie leise. „Aber dieses Frühjahr wird aufregend werden und ich werde zu all deinen großen Rennen bei dir sein. Und stell dir vor, heute darf ich dich auf der Bahn mal so richtig gehen lassen. Aileen will wissen, wie schnell du jetzt bist. Du bist ja über den Winter noch etwas größer geworden."

Champion trabte ein paar Tritte, dann fiel er mit einem Ruckeln wieder in den Schritt.

„Ich glaube, du weißt genau, was gleich kommt, Champion", sagte Cindy und lachte. „Das weißt du immer. Aber du musst auch darauf hören, was ich sage; schnell sein alleine reicht nicht. Du musst dich ab jetzt an alles erinnern, was du im Training gelernt hast. Das Fountain of Youth wird bestimmt kein Spaziergang. Und das Kentucky Derby und die anderen Triple-Crown-Rennen mit Sicherheit auch nicht."

Champion beachtete sie gar nicht. Seine Augen waren fest auf die Bahn und seine Ohren nach vorne gerichtet. Die Trainingsbahn war fast leer, denn die meisten Pferde waren bereits wieder im Stall. Aileen hatte Cindy angekündigt, dass sie erst um zehn mit Champion arbeiten wollte, und Cindy hatte bis fast sieben Uhr ausschlafen können.

Ian und Len standen am Rail und sahen zu, wie Aileen Limitless Time zurück zum Eingang trabte. „Ich bin gleich bei dir, Cindy!", rief Aileen, als sie aus dem Sattel sprang. Sie sprach einen Moment mit Ian.

Sie reden bestimmt über Limitless' Ausgleichsrennen in Gulfstream, dachte Cindy. Sie wusste, dass ihr Vater, Mike und

Aileen darauf hofften, dass Limitless Time etwas später in der Frühjahrssaison für ein Gruppen-Rennen fit sein würde.

„Ich bringe Limitless zum Stall", bot Len an.

„Danke, Len." Aileen sah zu Cindy hinauf. „Seid ihr bereit, du und Champion?"

Cindy nickte und wunderte sich über die Frage. Wir sind jeden Morgen bereit!, dachte sie.

„Dieses Training ist sehr wichtig für Champion, Cindy." Aileens nussbraune Augen blickten ernst. „Es ist seine erste Galopparbeit als Dreijähriger und das heutige Training wird uns eine Menge über sein Potenzial verraten. Ich will dich ja nicht nervös machen, aber ein bisschen Lampenfieber ist nötig, damit du wachsam bleibst. Als Rennreiterin wirst du oft in brenzlige Situationen geraten, nicht nur auf der Bahn, sondern auch außerhalb des Rennens." Aileen lächelte. „Ich nehme an, du hast immer noch vor, nächstes Jahr deine Lizenz als Nachwuchsreiterin zu beantragen."

„Und ob." Cindy grinste. Jetzt wurde ihr klar, worauf Aileen hinauswollte. Doch Cindy war sicher, dass Champion heute bereit war, sein Bestes zu geben. Sie konnte es kaum erwarten, auf die Bahn zu kommen und zu sehen, wie schnell er als Dreijähriger war. „Was meinst du, welche Pferde ich reiten werde, wenn ich meine Lizenz habe?"

„Wir werden sehen", sagte Aileen. Cindy hatte gewusst, dass sie das sagen würde. „Es ist noch zu früh, um das zu entscheiden."

Ich will Champion reiten, sagte Cindy zu sich. Nächstes Jahr ist er erst vier. Ich hoffe, er startet dann immer noch in Rennen und ist nicht verletzt.

Ian ging mit tief gefurchter Stirn zu Cindy herüber. „Cindy, ich muss gestehen, dass ich erleichtert war, als Sammy zu groß wurde, um Jockey zu werden. Rennreiten ist etwas anderes als Arbeitsreiten im Training – es ist viel gefährlicher. Du musst auf der Bahn immer vorsichtig sein, aber im Rennen ganz besonders."

„Das werde ich auch", versicherte Cindy ihm. Ihr war bewusst, was es hieß, mitten in einem Feld dahinrasender Vollblüter zu reiten, wo jeder Sturz schwere Verletzungen oder sogar den Tod bedeuten konnte. Aber es gibt nichts Aufregenderes!, dachte sie. Cindy betete, sie möge nicht größer als die knappen 1,60 Meter werden, die sie jetzt war.

„Wir haben im Moment keine Zeit, irgendetwas zu entscheiden." Aileen lächelte Cindy an. „Warum wärmst du Champion nicht ein wenig auf und lässt ihn dann eine Viertelmeile galoppieren."

Cindy nickte und nahm die Zügel auf. Champion kaute heftig auf dem Gebiss. Er brauchte keine zweite Aufforderung, sie ritt ihn im Schritt an.

Cindy sah, dass außer ihr noch Mark mit Saturday Special, einer großen jungen Schimmelstute, auf der Bahn war. Cindy nahm an, dass Aileen Mark gebeten hatte, die Stute erst so spät am Morgen zu reiten, um Champion Gesellschaft zu leisten.

Champion war in letzter Zeit brav beim Training mit anderen Pferden – außer wenn Freedom und Vic ihm zu nahe kommen, dachte Cindy mit einem mulmigen Gefühl. Sie wusste immer noch nicht genau, wie ernst Champions Problem nun eigentlich war. Vielleicht hat er einfach nur starke Vorlieben und Abneigungen und nichts Ernstes, hoffte sie.

Champion zerrte heftig an den Zügeln. „Ja, wir haben Arbeit vor uns." Cindy verdrängte die Gedanken daran, was alles schief gehen konnte, und konzentrierte sich aufs Reiten.

Sie wärmte den Hengst im Schritt und Trab auf und galoppierte dann in einem ruhigen Tempo an. Mark schloss mit Saturday Special an ihrer Seite auf. Champion beäugte die Stute, doch seine Ohren blieben vorne.

„Fein, Champion", lobte Cindy. „Stell dir einfach vor, Saturday wäre ein Baum – ein laufender Baum – und lass sie in Ruhe."

„Klar, ein Baum." Mark lachte.

„Na, wenn's funktioniert!", rief Cindy.

Als sie sich dem Pfosten für die Viertelmeile näherten, ließ Cindy Champion langsam zulegen. Der Hengst reagierte sofort und zog Saturday Special davon.

Cindy warf ihre Haare zurück und atmete tief ein. Die Luft war eisig und die Kälte schnitt ihr ins Gesicht. Doch der Morgen war wunderschön. Die niedrig hängenden grauen Wolken brachen auf und ein leuchtender Streifen Blau erschien am Horizont.

Sie fasste die Zügel nach und machte sich zum Renngalopp bereit. „Okay, zeig's ihnen, mein Junge", flüsterte sie. „Lauf so schnell wie noch nie!"

Champions Galopp wurde länger und seine Hufe gruben sich tiefer in den festen Sand des Geläufs. Der Pfosten für die Viertelmeile blitzte neben ihnen auf. „Jetzt!", schrie Cindy. „Los, Champion!"

Der große Hengst stob davon wie ein Jet, der in den blauen Himmel schießt. Cindy vergrub Gesicht und Hände tief in Champions Mähne und bewegte sich im Rhythmus seiner hämmernden Hufe. Der kalte Wind trieb ihr die Tränen in die Augen und der Boden fegte verschwommen unter ihnen dahin.

Als Zweijähriger war Champion schnell, jetzt ist er mehr als das!, dachte Cindy selig. Er ist pure Energie!

In Sekunden rasten sie am Eingang vorbei. „Du hast es geschafft, Junge!", keuchte Cindy und stellte sich in die Steigbügel. „Keine Ahnung, welche Zeit das war, aber schnell genug war's allemal!"

Der dunkle Hengst wölbte den Hals und wehrte sich gegen die Zügel. „Das reicht, Champion." Doch Cindy ließ ihn noch ein bisschen weiter ausgaloppieren, als sie vorgehabt hatte. Sie wollte kein Spielverderber sein, nachdem er gerade einen solchen Lauf hingelegt hatte.

Nach einigen weiteren langen Galoppsprüngen entschied Champion sich zu gehorchen. Mit einem heftigen, trotzigen Schauben fiel er in den Trab. Cindy wendete ihn im Zirkel und ritt zum Eingang zurück.

Aileen grinste breit. Sie hielt die Stoppuhr hoch. „21 auf der Viertelmeile."

„Unglaublich, Junge!" Cindy strahlte. „Du wirst uns alle stolz machen im Fountain of Youth."

Champion schielte nach hinten und scharrte mit dem Huf. Er schien zu sagen: Ich bin bereit.

„Seine Leistung wird sich mit Sicherheit sehen lassen können", stimmte Aileen zu. „Es ist ein bisschen so, als könnten wir Stolz nochmal rennen sehen. Wenn Champion im Fountain of Youth und im Florida Derby startet, tritt er genau in Stolz' Fußstapfen."

„Ich wüsste nicht, was jetzt noch schief gehen könnte." Cindy schwieg für einen Augenblick. Sie wollte nicht zu optimistisch sein, denn bei einem Pferderennen konnte immer alles Mögliche schief gehen. Manche Pferde wurden im Feld abgedrängt, kamen mit dem Boden nicht klar, oder sie verletzten sich. Dennoch war sie überzeugt davon, dass Champions Chancen im Fountain of Youth hervorragend waren.

„Er hat sich auch gar nicht an Saturday Special gestört", sagte Aileen. „Ich war froh, das zu sehen."

Er stört sich nie an ihr, weil er sie irgendwie mag. Cindy runzelte ein wenig die Stirn. Zumindest hasst er sie nicht so wie Freedom.

Sie zuckte die Achseln. Champions Abneigung gegen Freedom war wahrscheinlich doch keine große Sache. Aileen, Ian und Mike wussten alle darüber Bescheid. In Gulfstream würden Freedom und Champion in sicherem Abstand voneinander eingestellt werden. Zwar im selben Stall, aber nicht in benachbarten Boxen.

„Gut gemacht, Cindy", sagte Mike.

„Danke. Na komm, Champion", sagte Cindy glücklich. „Kühlen wir dich mal ab. Vielleicht können wir heute Nachmittag einen schönen Spaziergang machen." Nach dieser anstrengenden Morgenarbeit würde Cindy ihn heute nicht noch mal reiten, doch Champion freute sich auch immer über einen Ausflug am Führzügel.

Sie brachte den Hengst zum Stall und legte ihm die kastanienbraune Decke über, die sie in einem Reitergeschäft für ihn ausgesucht hatte. Die Farbe passte gut zu seinem mahagonifarbenen Fell, fand sie. Cindy führte Champion im Stallhof herum und ließ ihn gründlich abkühlen. Dann brachte sie den Hengst in seine Box.

Champion wieherte entrüstet, als sie die Tür hinter ihm schloss.

„Ich bringe dich gleich raus auf die Koppel", sagte Cindy. „Aber bis dahin musst du die Decke tragen, damit du dich nicht erkältest. Champion, du bist selbst schuld, dass du nicht mehr mit der Decke auf die Weide darfst. Weißt du noch, was du mit den letzten zwei Decken gemacht hast?"

Champion stemmte sich gegen die Boxentür, doch Cindy beachtete ihn nicht mehr. Die letzten beiden Male, als sie den Hengst mit Decke auf die Weide gelassen hatte, hatte er es irgendwie geschafft, die Decken loszuwerden. Eigentlich sollte das gar nicht möglich sein – man konnte die Decken sicher verschließen. Doch Champion hatte ganze Arbeit geleistet. Die Riemen waren so sauber durchtrennt, als hätte er eine Schere benutzt.

Cindy hatte keine Ahnung, ob Champion beschlossen hatte, sich der Decken zu entledigen, weil ihm zu warm geworden war, oder ob er sich einfach nur einen Spaß machen wollte. Die eine Decke hatten sie mit einem großen Riss in der Seite über einem Zaunpfahl gefunden, die andere lag irgendwann zertrampelt und völlig ruiniert im Matsch.

Die großen, gut verarbeiteten Pferdedecken waren teuer, und Ian und Mike waren gar nicht erfreut über die neueste Angewohnheit des Hengstes. Also nahm Cindy inzwischen die Decke ab, bevor sie Champion auf die Koppel ließ. Er hatte ein dickes Winterfell und schien sich draußen auch ohne Decke vollkommen wohl zu fühlen.

Aileen kam zu Champions Box. „Wie hat er das Training überstanden?", fragte sie.

Cindy lächelte. Sie fühlte sich geschmeichelt, dass Aileen sie nach ihrem Urteil fragte. „Gut. Er ist bereit für mehr."

Aileen streichelte Champions Hals, während sie ihn schnell untersuchte. Champion nickte auffordernd mit dem Kopf, als wollte er Aileen überreden, ihn herauszulassen, weil Cindy sich weigerte. „Ich habe auch nichts anderes erwartet", gab Aileen zu. „Es ist wunderbar, dass Champion so robust ist. Ich fange schon an, das als selbstverständlich zu nehmen, aber eigentlich sollte ich das nicht. Bei Mr. Wonderful habe ich das nie getan. Er hatte sich allerdings auch schon vor dem Triple-Crown-Rennen verletzt."

Cindy nickte. Sie war immer noch traurig, dass Mr. Wonderful dieses Jahr nicht an den Start gehen würde. „Gibt es noch eine Chance, dass du ihn nächstes Jahr wieder ins Training nimmst?", fragte sie.

Champion stieß Aileen ungeduldig an. Anscheinend konnte er es nicht ertragen, wenn über ein anderes Pferd geredet wurde. Cindy streichelte schnell sein Maul, um ihn abzulenken.

Aileen seufzte. „Ich glaube nicht, Cindy. Mr. Wonderful ist ein großartiges Rennpferd, und ich nehme ihn wirklich nur schweren Herzens aus dem Rennsport. Aber seine Beinverletzung könnte sich zurückmelden und dann könnte er sich ernsthaft verletzen. Und möglicherweise hat ihn auch der Virus geschwächt. Ich denke, es ist an der Zeit, ihn zu Hause zu behalten."

Dagegen konnte Cindy nichts sagen. „Whitebrook hat eine Menge Zuchthengste", sagte sie und zählte sie an den Fingern ab. „Wunders Stolz, Jazzman, Maxwell, Blues King, Sadler's Station, Glory und jetzt auch Mr. Wonderful."

„Nun, wir werden Sadler's Station verkaufen, um Platz für Mr. Wonderful zu schaffen." Aileen runzelte die Stirn. „Sadlers Nachkommen waren nie besonders erfolgreich auf der Rennbahn. Es tut mir sehr Leid, ihn wegzugeben, aber es ist gut möglich, dass er als Vielseitigkeits- oder Freizeitpferd eine Zukunft hat."

Vielleicht möchte Mandy ihn kaufen!, dachte Cindy. Sie stellte sich vor, wie ihre Freundin auf dem mächtigen, feurigen Rennpferd durch einen Springparcours donnerte. Ich würde mich nicht trauen, es vorzuschlagen – was, wenn Mandy mich beim Wort nimmt? Cindy seufzte. Sie wusste, dass sie Sadler vermissen würde.

„Ich geh besser wieder an die Arbeit", sagte Aileen. „Danke für den tollen Ritt auf Champion heute Morgen, Cindy."

„Danke, dass ich reiten durfte", sagte Cindy ein wenig verlegen. Sie bemühte sich immer, mit den Pferden gute Arbeit zu leisten, doch dass sie überhaupt die Möglichkeit dazu hatte, nahm sie nie als selbstverständlich hin. Ihr war bewusst, dass die meisten 14-jährigen Mädchen nicht jeden Tag einen Stall voll edler Vollblüter reiten konnten.

Cindy folgte Aileen aus dem Stall. Sie wollte Glory noch einen kurzen Besuch abstatten, bevor sie nach Hause ging, um ihr Zimmer aufzuräumen. Cindy hatte schon gesehen, dass Glory und Stolz jeder auf einer der Seitenkoppeln standen, nicht weit von der Trainingsbahn.

„Na, ihr beiden!", rief sie.

Die Hengste rissen gleichzeitig die hübschen Köpfe hoch und blickten ihr entgegen. Stolz war mit seinem kupferfarbenen Fell und seinen weit auseinanderliegenden schönen Augen das Abbild seiner Mutter, Aileens Wunder. Glorys grauer Kopf war klassisch geformt wie der eines römischen Streitrosses.

Glory wieherte leise. „Okay, ich komme zuerst zu dir", sagte Cindy. Sie ging zu Glorys Koppel und versuchte, den vorwurfsvollen Blick in Stolz' dunklen Augen zu ignorieren. Glory sprang ungeduldig auf den Vorderhufen auf und ab, während sie sich näherte. Cindy kletterte auf das oberste Brett des Zaunes und Glory steckte glücklich den Kopf unter ihren Arm.

„Also, was hältst du von deinem jüngsten Baby?", fragte Cindy. Zero's Flight, Glorys zweites Fohlen, war vor zwei Tagen geboren worden. Das Fohlen war ein Fuchshengst und pünktlich gekommen. Er war schon fast so groß wie Glorys Joy, die über drei Wochen alt war.

Glory rieb seine Ohren an ihrer Schulter. Er schien zu sagen, dass er keinen weiteren Grund brauchte, um sich wichtig zu fühlen.

Cindy lehnte sich über den Zaun, um ihre Wange an Glorys grauen Hals zu legen. Sie liebte das Kitzeln seines Fells auf der Haut und seinen sauberen, gesunden Pferdegeruch. Sie würde ihn selbst in völliger Dunkelheit erkennen.

Glory schnaufte zufrieden, doch Stolz stieß ein heftiges, verzweifeltes Schnauben aus. „Oh, na gut, Stolz." Cindy gab Glory einen letzten Klaps und lief hinüber zu dem anderen Hengst.

Stolz schlug mehrmals mit dem Kopf, wie um zu sagen: Das wurde aber auch Zeit.

„Ach, tu nicht so, als würde sich niemand um dich kümmern", schimpfte Cindy, während sie die Ohren des großen Pferdes kraulte. „Ich weiß, dass Aileen und Samantha ständig hier rauskommen und dich verwöhnen."

Cindy blickte Stolz nachdenklich an. Es war schwer, sich ein hübscheres Pferd vorzustellen, doch Stolz' erste Fohlen hatten sich bis jetzt auf der Rennbahn nicht so gut gemacht. Sie sind natürlich erst Zweijährige, dachte sie. Stolz' Fohlen brauchen vielleicht einfach länger, um erwachsen zu werden. Wer weiß, vielleicht machen sie sich dieses Jahr als Dreijährige ganz hervorragend. Schließlich hat Stolz das Kentucky Derby gewonnen. Ich wette, seine Fohlen werden sehr schnell.

Cindy wusste, dass ihr Vater, Aileen und Mike ihre Zweifel hatten, ob Stolz im Vorjahr die richtigen Stuten gedeckt hatte.

Selbst mit den besten Stuten – manchmal passten die Zuchtlinien einfach nicht zusammen. Whitebrook besaß noch keinen von Stolz' Nachkommen. Von den zwei Whitebrook-Stuten, die er im letzten Jahr gedeckt hatte, war eine nicht trächtig geworden und die andere hatte ihr Fohlen verloren.

„Ich gehe jetzt die neuen Fohlen besuchen", sagte Cindy zu Stolz. „Du musst nur die nächste halbe Stunde oder so überstehen, bis Sammy oder sonst jemand auftaucht, um dir einen Apfel zu geben."

Als Cindy zur Fohlenkoppel ging, wieherten beide Hengste lauthals. Cindy grinste.

Auf der großen vorderen Koppel pickten sich die zwölf Pferdemütter das erste grüne Gras auf der braunen Weide heraus. Fünf Fohlen waren bis jetzt zur Welt gekommen und die drei älteren, darunter Glorys Joy, tollten ausgelassen auf der Weide herum.

Cindy lachte laut auf, als Glorys Joy quer über die Koppel stürmte, den kurzen Schweif hoch erhoben. Das Fohlen blieb plötzlich wie angewurzelt stehen, als in den nahen Ställen ein Traktor anfing zu knattern. Das kleine Pferd flüchtete zu seiner Mutter und versteckte sich zitternd hinter ihr.

Die beiden jüngsten Fohlen, darunter Zero's Flight, standen still bei ihren Müttern. Die grellen Bilder und lauten Geräusche der Welt schienen sie noch etwas zu überfordern.

Cindy öffnete das Tor zur Koppel und ging langsam auf Heavenly Choir und Glorys Joy zu. Die Schimmelstute beobachtete sie gelassen. Fast jeden Abend half Cindy, die Stuten für die Abendfütterung in den Stall zu bringen, und sie besuchte sie oft auf der Weide. Die Stuten kannten Cindy und brachten sie mit Streicheleinheiten und Futter in Verbindung.

Cindy sank neben Glorys Joy auf die Knie. Das fast schwarze Fohlen hatte sich von dem Schreck erholt und stieß mit dem Maul gegen die Flanke seiner Mutter. „Du bist doch das hübscheste Baby", sagte Cindy mit sanfter Stimme.

Das Fohlen beschnupperte sie vertrauensvoll und sein winziges, haariges Maul kitzelte Cindys Hände. Es schien Menschen schon jetzt zu mögen. Das war ein gutes Zeichen. Cindy wusste, dass ihr Vater und Mike Joy für völlig gesund und gut gebaut hielten, obwohl sie zu früh zur Welt gekommen war. Sie machten sich mehr Sorgen um Zero's Flight, dessen Vorderbeine ein wenig nach innen zu knicken schienen.

Cindy hockte sich hin und ein Schatten huschte über ihr Gesicht. Ich hoffe, Glorys Kinder haben auf der Rennbahn Erfolg, dachte sie. Wenn nicht, werden wir ihn dann verkaufen müssen wie Sadler's Station?

Glorys Joy sah Cindy vertrauensvoll an und trat noch einen Schritt näher. Mit ihrem winzigen Maul stieß sie Cindys Bein an. Cindy kraulte zärtlich ihre Nüstern. „Nein, ich glaube nicht, dass du auf meinen Schoß passt, auch wenn du klein bist", sagte sie lachend. Jetzt ist Joy noch klein, aber das wird sich wahrscheinlich bald ändern, dachte Cindy. Und Größe ist nicht alles bei einem Rennpferd. Es ist der Kampfgeist, der zählt.

„Es wird noch zwei Jahre dauern, bis du und Glorys andere Söhne und Töchter überhaupt rennen werdet, also brauche ich mir jetzt noch keine Sorgen darum zu machen", sagte Cindy und umarmte sanft das kleine Fohlen. „Im Moment siehst du für mich einfach perfekt aus."

Kapitel 5

„Bist du fertig?", fragte Heather Cindy am Samstagabend zwei Wochen später. Die Mädchen waren bei Cindy zu Hause und machten sich für den Schulball zurecht. Heather trat aus dem Bad im oberen Stock und klopfte ungeduldig mit dem Fuß auf den Boden.

„Ich weiß nicht." Cindy starrte in den Spiegel und versuchte, die Schmetterlinge in ihrem Bauch zu beruhigen. Ich wünschte, ich wäre nicht immer so nervös vor einem Ball, dachte sie. Ich meine, das ist ja nicht der erste, auf den ich gehe.

Beth hatte Cindys Haar zu einem eleganten französischen Zopf geflochten. Cindy trug ein schwarzes, fast bodenlanges Samtkleid und das tiefe Schwarz ließ ihre braunen Augen dunkler wirken. Beth hatte ihr gesagt, dass sie sehr hübsch aussah.

Ich finde, ich sehe komisch aus. Habe ich zu viel Make-up aufgelegt? Cindy verzog das Gesicht und beugte sich wieder näher zum Spiegel.

„Komm schon, Cindy, das kann ja noch den ganzen Abend dauern", drängelte Heather. „Max und Doug sind unten und warten auf uns."

Cindy wurde noch nervöser. Sie warf einen Blick auf Heathers Spiegelbild. Heathers helle Haut und ihre blonden Haare wurden untermalt von einem dunkelgrünen Crepekleid und nur einem Hauch Make-up auf Augen und Lippen. „Du hast gut reden, du siehst ja sowieso toll aus", sagte Cindy.

„Du doch auch, du bist nur nie zufrieden mit deinem Aussehen." Heather kicherte. „Wir hätten vielleicht eine von Champions alten Decken zerschneiden und dir daraus ein Kleid nähen sollen. Das hätte dir wahrscheinlich gefallen."

„Schon möglich." Cindy musste lächeln. Sie stand auf und strich sich eine blonde Locke aus dem Gesicht. Beth hatte ein paar kleine Kringellocken um ihr Gesicht gelegt. Ach, was soll's, auf in den Kampf, dachte sie.

„Ob wir heute Abend wohl etwas bei der Tombola gewinnen?", fragte Heather, während sie die Treppe hinabstiegen.

„Wohl eher nicht – ich wette, es kommen eine Menge Leute auf den Ball." Cindy raffte ihr Kleid, damit sie nicht auf den Saum trat. „Ich kenne noch nicht mal alle Preise, die verlost werden", fügte sie hinzu. „Das Komitee hat die Preise wohl ausgewählt, als ich so sehr mit Champion beschäftigt war, kurz vor seiner Abreise."

„Ich wette, er fehlt dir", sagte Heather mitfühlend.

„Ja, das tut er." Cindy blieb auf der Treppe stehen und seufzte. „Er ist jetzt zwei Wochen weg und er wird erst nach dem Florida Derby Mitte März wieder nach Hause kommen. Das ist über ein Monat."

„Geht's ihm denn gut?", fragte Heather.

„Ja, Aileen sagt, es ist alles okay." Cindy wusste, dass Champion nicht annähernd so sensibel war, wie Storm oder Glory es gewesen waren. Und Aileen verstand, wie wichtig es für Champion war, dass man sich viel mit ihm beschäftigte. Sie würde sicher alles tun, was er brauchte, um sein Bestes zu geben.

„Kommt ihr jetzt runter?", rief Max.

Cindy ging voran. Max und Doug Mellinger standen am Fuß der Treppe und lächelten zu ihnen hinauf. Doug und Heather hatten ein lockeres, freundschaftliches Verhältnis, ähnlich wie Cindy und Max.

Max sieht so süß aus, wenn er sich schick macht, dachte Cindy. „Wir haben über Pferde geredet!" Sie eilte die letzten Stufen hinunter und stolperte dabei fast über ihr Kleid.

„Du siehst toll aus", sagte Max. Er wirkte ein bisschen verlegen.

„Danke, du aber auch." Cindy strich ihr Kleid glatt und versuchte, sich die Nervosität nicht anmerken zu lassen.

Beth steckte den Kopf aus der Küchentür. Hinter ihr standen Ian und Samantha.

„Du siehst wunderschön aus, Schatz", sagte Ian.

„Ja, wirklich." Samantha lächelte ermutigend.

„Ich will ein Foto machen, bevor ihr geht", sagte Beth.

„Mom!" Cindy rollte die Augen. Sie hasste es, fotografiert zu werden.

„Nur eins." Beth hob den Fotoapparat. „Stellt euch alle zusammen vor den Kamin."

Die vier Freunde gingen zum Kamin und legten die Arme umeinander. Cindy bemühte sich, ganz natürlich zu lächeln, doch sie zweifelte an ihrem Erfolg. Ich bin nicht besonders fotogen, dachte sie.

Beth drückte auf den Auslöser und ließ die Kamera sinken. „Und jetzt, setzt euch alle auf die Couch."

„Du hast gesagt, nur eins!", protestierte Cindy.

„Komm, Cindy", sagte Beth fest. „Eines Tages wirst du mir dafür danken."

„Vielleicht in 20 Jahren", murmelte Cindy, während sie auf der Couch sorgsam ihr Kleid glatt strich.

„Lächeln, Cindy!", rief Ian.

„Denk an Glorys Joy", sagte Samantha aufmunternd.

Cindy lächelte, als sie an das kleine hübsche Fohlen dachte. Dann hatte es auch schon geblitzt. Ich wette, Beth hat ausnahmsweise mal ein anständiges Bild von mir gemacht, dachte sie.

Während Beth die vier zur Sporthalle fuhr, erzählte Cindy ihren Freunden von Champion und vergaß ganz die Sorgen um ihr Aussehen. Beth setzte sie vor der Schule ab.

„Ich hol euch um elf wieder ab", sagte sie. „Amüsiert euch gut!"

„Das werden wir!" Cindy spürte, wie ihre Aufregung wuchs, als sie sich vor der hell erleuchteten Schule umsah. Kleine Gruppen von Schülern und Pärchen gingen redend und lachend auf die Sporthalle zu.

Direkt hinterm Eingang füllte Cindy ein Tombola-Los aus. „Nummer 89", sagte sie. „Wow, es haben schon eine Menge Leute Lose gekauft."

„Wir sind zu viert, vielleicht gewinnt ja einer von uns etwas", sagte Doug.

„Cindy! Kommt doch rüber und setzt euch zu uns!", rief Laura Billings von einem der Tische, die in der Sporthalle aufgestellt waren.

Cindy und ihre Freunde setzten sich zu Laura und Sharon und ihren Begleitern Joe Exton und Kyle Payton an den Tisch. Auf den Tischen standen Körbchen mit Chips, Schüsseln mit Dip und

Bowlekrüge. An den Wänden hingen gemalte Winterszenen, Eisläufer, die über das Eis segelten, und der Boden war mit glitzerndem Kunstschnee bestäubt. „Hey, die Deko ist echt cool – wer hat sich das alles ausgedacht?", scherzte Cindy.

„Ein Haufen Genies." Max grinste. „Möchtest du tanzen?"

„Klar." Cindy hatte nicht gedacht, dass einmal eine gute Tänzerin aus ihr würde, doch in diesem Schuljahr hatte sie überrascht festgestellt, dass sie gar nicht so schlecht war. Die verschiedenen Rhythmen der Musik kamen ihr ein bisschen vor wie die verschiedenen Gangarten beim Pferd. Es fiel ihr nicht viel schwerer, im Takt der Musik zu bleiben als beim Reiten im Takt des Pferdes.

Während sie und Max zusammen mit den anderen Tänzern über die Tanzfläche wirbelten, fühlte sich Cindy tatsächlich wie auf einer Eislaufbahn. Heather ist wirklich ein Genie, dachte sie und sah zu ihrer Freundin herüber. Heather war auch auf der Tanzfläche und unterhielt sich mit Doug.

„Es ist Zeit für die Tombola", sagte Max, als er und Cindy mehrere Tänze getanzt hatten. „Ich muss los." Er zeigte auf ein Podium, das mehrere Neuntklässler gerade auf die Tanzfläche schoben. „Ich bin bei unserem letzten Komiteetreffen als Moderator ausgewählt worden."

„Ich geh wieder an unseren Tisch", sagte Cindy. Zusammen mit Heather, Doug und Laura nahm sie Platz und blickte erwartungsvoll zu Max hinauf. Der Raum verstummte.

„Das wird gut", flüsterte Heather Cindy zu. „Warte, bis du die Preise siehst."

Max angelte in einem großen Glasgefäß. „Wir haben zehn Preise zu verlosen", verkündete er. „Der erste Preis ist ein Ritt auf einem Whitebrook-Vollblüter, gestiftet von Cindy McLean. Der erste Preis geht an …" Max zog einen Zettel aus dem Glas „… Chelsea Billings!"

„Das ist meine kleine Schwester", rief Laura. „Sie wird kreischen vor Freude, wenn sie das erfährt – wenn jemand ein Pferdenarr ist, dann sie!" Laura stand auf. „Ich nehme den Preis für sie entgegen."

Cindy sah zu, wie Laura den Preis abholte, und lehnte sich wieder auf ihrem Stuhl zurück. Sie und Heather lächelten sich an. Das macht Spaß!, dachte Cindy.

Wieder griff Max in das Glas. „Und der nächste Preis geht an ... Cindy McLean!"

Cindy schreckte hoch und setzte sich kerzengerade auf. Was ich wohl gewonnen habe?, dachte sie aufgeregt.

„Cindys Preis ist eine Katze aus dem Tierheim, alles inklusive!", rief Max, während Cindy sich ihren Weg zum Podium bahnte.

Toll! Cindy strahlte über das ganze Gesicht, als sie den Gutschein von Max entgegennahm. Auf Whitebrook gab es viele Katzen, doch Cindy war nie dazu gekommen, sich eine eigene Katze auszusuchen. Sie konnte es kaum erwarten, zum Tierheim zu kommen.

Cindy erlebte den Rest des Abends wie einen glücklichen Traum. Max wollte fast jeden Tanz mit ihr tanzen, doch auch ein paar andere Jungen forderten sie auf. Vor diesem Abend war Cindy immer zu schüchtern gewesen, mit jemandem zu tanzen, den sie nicht sehr gut kannte.

Max ist auf jeden Fall der süßeste Junge hier, dachte sie, während sie mit Gary Caldwell, einem Jungen aus der zehnten Klasse, tanzte. Max stand am Büffettisch und trank Bowle, doch Cindy merkte, dass er sie beobachtete. Ich hoffe, ihm gefällt, wie ich tanze, sorgte Cindy sich.

Max ging zu Cindy und Gary herüber. „Darf ich?", fragte er laut, um die Musik zu übertönen. „Das ist eins meiner Lieblingsstücke."

„Klar", sagte Gary. „Wenn Cindy einverstanden ist."

„Bin ich." Cindy lächelte in Max' grüne Augen, als sie anfingen, zu dem langsamen 60er-Jahre-Stück zu tanzen. „Ich hör eigentlich am liebsten etwas Schnelleres, aber das ist auch schön", sagte sie. Irgendwie romantisch!, fügte sie still hinzu.

Max nickte und Cindy legte ihren Kopf leicht an seine Schulter. Bunte Lichter wirbelten vor ihren Augen und färbten den glitzernden Boden grün, rot und golden. Cindy konnte es kaum fassen, wie schön dieser Abend war.

Viel zu schnell war es elf Uhr und Zeit, nach Hause zu gehen. Es hatte angefangen zu schneien und dicke Flocken rieselten aus dem schwarzen Himmel, während Cindy mit Max und ihren anderen Freunden zu Beths Auto ging. Cindy hielt sich an Max' Arm fest, damit sie nicht ausrutschte.

„Das war bis jetzt unser schönster Ball", sagte Heather, als sie alle im Auto saßen.

„Der allerschönste", stimmte Cindy zu und legte den Kopf in den Nacken, um durch die Heckscheibe die Schneeflocken fallen zu sehen. In ihrem Kopf hörte sie immer noch das Lied aus den Sechzigern, zu dem sie und Max Blues getanzt hatten. Auch Max schwieg, als hätte er über vieles nachzudenken.

Als Erste wurde Cindy auf Whitebrook abgesetzt. Max brachte sie bis zur Haustür und zögerte dann. Warum sieht er mich nicht an?, fragte Cindy sich.

„Danke, dass du mit mir zum Ball gegangen bist", sagte Max und schaute endlich in ihre Richtung.

Cindy lächelte. „Es war toll."

Es schneite jetzt stärker und Cindy spürte die kalten Schneeflocken in ihren Wimpern. Sie blinzelte sie aus den Augen und genoss das kalte Wasser auf ihrem Gesicht.

Max blickte zurück zum Auto, wo ihre Freunde warteten. Er legte die Stirn in Falten und tauchte dann seine Hände in den weichen Schnee, um einen Schneeball zu formen.

„Wenn du den wirfst …", begann Cindy drohend.

Max ließ den Schneeball plötzlich wieder fallen. Er sah sie an; seine grünen Augen leuchteten.

Cindy hielt die Luft an, als Max sich vorbeugte und seine Lippen einen unwahrscheinlich zarten Kuss auf ihre drückten. „Gute Nacht", sagte er leise und drehte sich um zu gehen.

Max hat mich geküsst!, dachte Cindy mit großen Augen. Ihr Herz hämmerte gegen ihre Brust. „Gute Nacht!", rief sie.

Cindy schlüpfte ins Haus, lehnte sich an die Tür und drückte ihr erhitztes Gesicht an das kühle Material.

„Küssen sich Freunde oder sind wir jetzt mehr als das?", murmelte sie. „Ich weiß nicht genau. Aber ich weiß, dass es richtig, richtig schön war."

Max hat mich geküsst, Max hat mich geküsst, Max hat mich geküsst, sang Cindy selig in Gedanken, während sie nach oben und ins Bett ging. Sie würde bestimmt noch lange wach liegen.

* * * * *

„Da kommt Mandy", sagte Samantha am nächsten Morgen. Sie und Cindy saßen in der Küche und beendeten gerade ihr ausgiebiges spätes Frühstück.

Cindy guckte an ihrer Schwester vorbei und sah das Auto der Jarvises mit dem Pferdeanhänger die Zufahrt hinaufrollen. Cindy hatte ihre Freundin für einen Ausritt nach Whitebrook eingeladen und Mandys Vater hatte sich bereiterklärt, Butterball nach Whitebrook zu bringen. „Super – jetzt können wir loslegen", sagte sie.

Cindy freute sich auf den Ausritt mit Mandy. Mandy liebte lange, anspruchsvolle Ausritte genau wie sie.

Außerdem habe ich Mandy schon eine ganze Woche nicht gesehen, dachte Cindy, während sie hastig ihren Grapefruitsaft austrank und in den Flur rannte, um sich eine Jacke zu schnappen. Bei Mandys Pensum an Springstunden und Cindys zahlreichen Pflichten auf Whitebrook hatte keines der Mädchen viel Zeit übrig.

Wen soll ich heute reiten?, fragte sich Cindy, als sie rasch die Haustür hinter sich schloss. Mit einem Satz sprang sie über die kleine Terrasse, um nichts vom Schmelzwasser abzukriegen, das vom Dach tropfte.

Champion war auf der Rennbahn und so hatte Cindy Freedom's Ring bei der Morgenarbeit geritten. Freedom ist nicht annähernd so interessant zu reiten wie Champion, dachte sie. Aber es war ein gutes Training für mich. Seit Monaten bin ich fast nur noch Champion geritten. Wenn Champion auf Whitebrook war, nahm der talentierte, eigenwillige Hengst fast Cindys ganze Zeit in Beschlag. Doch Cindy wusste, dass man von ihr als Rennreiterin erwarten würde, viele verschiedene Pferde zu reiten, manchmal an einem einzigen Tag.

„Hallo, Cindy!", rief Mandy, während sie Butterball rückwärts aus dem Hänger bugsierte. Mr. Jarvis koppelte den Anhänger vom Auto ab.

Cindy lief zu ihrer Freundin. Mandy hatte das karamellfarbene Pony bereits an einem Ring am Pferdeanhänger angebunden. Sie kramte im vorderen Sattelschrank nach Sattel und Trense.

Mr. Jarvis winkte Cindy zu. „Bis nachher, mein Schatz", sagte er zu Mandy, als er das Auto anließ. „Sei vorsichtig."

„Das bin ich immer", entgegnete Mandy fröhlich.

Mandy macht tollkühne Sachen, aber dabei ist sie vorsichtig, dachte Cindy. Das gilt wohl auch als vorsichtig sein, schätze ich.

Butterball schüttelte seine Mähne und blinzelte Cindy durch seinen dichten Schopf hindurch an. „Er hat das richtige Fell für einen Tag wie heute", sagte Cindy und klopfte das dicke Fell des Ponys. Der Morgen war grau und kalt, doch die ersten Strahlen der schwachen Wintersonne bahnten sich schon ihren Weg durch den verhangenen Himmel. Hier und da war der Schnee liegen geblieben und zog sich in unregelmäßigen weißen Flecken über das braune Gras der Koppeln.

„Ja, Butter friert nie." Mandy sattelte das Pony bereits. „Ich hab' für ihn nicht mal eine Decke."

Butterball drehte seinen kleinen Kopf herum und stieß Mandy liebevoll an. „Willst du dich wirklich nach einem anderen Pferd umsehen?", fragte Cindy.

„Ja, denke schon. Ich habe Tor gebeten, sich für mich umzuschauen. Aber ich will nur ein anderes Pferd, wenn mich meine Eltern Butter behalten lassen." Einen Moment lang guckten Mandys große braune Augen gequält. „Ich glaube schon, dass sie das tun, aber ich trau mich nicht zu fragen."

„Das kann ich verstehen. Stell dir vor – ich bekomme auch noch ein Tier", sagte Cindy. „Auf dem Ball gestern Abend habe ich eine Katze aus dem Tierheim gewonnen!"

„Oh, toll!", sagte Mandy begeistert. „Lass uns sie heute holen!"

„Das möchte ich ja, wenn ich jemanden finde, der mich hinfährt", entgegnete Cindy.

„Sollen wir jetzt zu zweit auf Butter reiten, oder hast du irgendwann vor, dir noch ein anderes Pferd zu satteln?", fragte Mandy und kicherte.

„Ich hab mich noch nicht entschieden, wen ich reiten will." Cindy grinste. „Aber ich wette, Butter könnte uns beide tragen. Ponys sind stark."

Von einer der vorderen Koppeln wieherte Glory Butterball zu. Das kleine Pony war sofort hellwach. Es spitzte die Ohren, stampfte ungeduldig mit dem Huf und drängte gegen den Führstrick in Glorys Richtung.

„Butter kommt sich ja heute Morgen sehr wichtig vor", sagte Cindy.

„Ja." Mandy blickte zu den Koppeln hinüber, doch sie beobachtete nicht Glory.

„Wen suchst du?", fragte Cindy.

„Ach, niemanden. Ich weiß, dass Sierra den Winter über bei Tor ist, aber ich wünschte, ich könnte ihn reiten", sagte Mandy. Sierra, Whitebrooks Weltklasse-Hindernispferd, verbrachte die Winter im Stall der Nelsons, wo sein Springtraining in der Halle fortgesetzt werden konnte.

Cindy starrte ihre Freundin entgeistert an. Sierra war ein großes, temperamentvolles Pferd. „Träum weiter, Mandy", sagte sie. „Sierra ist meilenweit von Butterball entfernt. Erstens ist Sierra ungefähr einen halben Meter größer als Butter. Und er mag vielleicht unglaublich talentiert sein, aber er ist auch unglaublich schwierig zu reiten."

„Ich träume weiter", beharrte Mandy. „Ich habe mich entschieden, was für ein Pferd ich haben will."

„Was denn für eins?" Cindy sah ihre Freundin erwartungsvoll an.

„Einen Vollblüter natürlich", antwortete Mandy. „Sie sind am schnellsten."

„Sie sind aber auch am heißblütigsten und am schwierigsten zu beherrschen." Doch Cindy konnte sich vorstellen, warum Mandy sich einen Vollblüter wünschte. Ausreden kann ich ihr das sowieso nicht, dachte sie. Mandy hört nie darauf, was andere sagen. Kein Wunder, dass Mandy Sierra mag – sie hat genauso einen Dickschädel wie er. Und wenn ich so darüber nachdenke, sie haben beide den gleichen aggressiven Springstil.

„Ich weiß, dass Vollblüter schwierig zu reiten sind", räumte Mandy ein. Sie fuhr durch Butterballs dicke Mähne. „Aber angenommen, ich käme mit einem Vollblut klar, dann wäre das die beste Pferderasse für mich. Also versuch ich es."

Mandy macht nie halbe Sachen, dachte Cindy. Sie musste Mandys Entschlossenheit bewundern. Schließlich ritt Cindy selbst Vollblüter, trotz der Gefahren. Es gab nichts, das sie gegen einen Ritt auf einem Vollblutpferd tauschen würde.

„Warum reitest du nicht Wunder?", fragte Mandy.

„Ich bin sie noch nie geritten. Das macht nur Aileen." Cindy dachte einen Moment nach. Die Koppeln waren voll von lebhaften Vollblütern, die sich alle nach einem Ausflug sehnten. „Ich nehme Glory", sagte sie. Cindy hatte ein leicht schlechtes Gewissen, weil sie schon wieder Glory ritt. Die meisten anderen Pferde kamen viel weniger ins Gelände als er. Doch sie konnte dem Gedanken an einen Ausritt auf ihrem geliebten Grauen einfach nicht widerstehen.

Mandy sah Cindy an und zögerte. „Kann ich auch eines der Whitebrook-Pferde reiten? Nur für den ersten Teil des Ausritts", sagte sie schnell. „Danach reite ich Butter."

„Wen willst du denn reiten?" Cindy sah Mandy überrascht an.

„Nun ja, da auf der Koppel habe ich gerade das Springpferd gesehen, das Tor hier eingestellt hat", sagte Mandy.

„Ja …" Cindy zögerte. Tor hatte Far Sailor vorige Woche nach Whitebrook gebracht. Das Wetter war gut gewesen und er wollte das Pferd an den Hindernissen trainieren, die auf der Grasbahn von Whitebrook aufgebaut waren.

„Ich würde gerne Far Sailor reiten – Sierra ist ja nicht da", sagte Mandy.

Cindy war sich nicht sicher, ob Mandy scherzte oder nicht. „Wir müssen erst jemanden fragen, ob du Sailor reiten darfst."

„In Ordnung", sagte Mandy eifrig.

Samantha arbeitete an einem Computer im Büro des Stalls. „Ich weiß nicht", sagte sie, als sie sich Mandys Wunsch angehört hatte. „Ich weiß, dass du bei Tor schon Großpferde geritten bist, aber Sailor ist ziemlich groß und kräftig. Das macht ihn ja zu einem so guten Springpferd, aber …"

„Wir gehen doch nur ins Gelände." Cindy wollte Mandy nicht enttäuschen.

Samantha runzelte nachdenklich die Stirn. „Na gut", sagte sie. „Aber bleibt auf den Reitwegen."

„Super!", jubelte Mandy.

Cindy half ihrer Freundin, Far Sailor fertig zu machen. Er war nicht viel größer als 1,50 Meter, und der Fuchs hatte sanfte, kluge Augen. Er war groß, aber nur für jemanden, der so klein war wie Mandy. Sie sollte eigentlich mit ihm klarkommen, dachte Cindy. Wir machen ja schließlich nur einen Ausritt.

Sie holte Glory von der Koppel und führte ihn zum Stall. Glory war überglücklich bei der Aussicht auf einen Ausritt und Cindy konnte ihn kaum dazu bringen, lange genug still zu stehen, um ihm den Sattel aufzulegen. Sie traf Mandy im Hof.

„Können wir für ein paar Minuten auf die Trainingsbahn gehen?", fragte Mandy. „Ich glaube, da war ich noch nie."

„Sicher." Cindy warf Mandy einen Blick von der Seite zu. Sie konnte sich nicht vorstellen, warum Mandy dort reiten wollte. „Du denkst doch nicht daran, Jockey zu werden, oder?"

Mandy schüttelte den Kopf. „Aber ich habe meinen Eltern erzählt, dass ich vorhabe, Vielseitigkeit zu reiten", sagte sie.

„Ich wette, sie waren nicht sehr erfreut."

Mandy schüttelte den Kopf. „Nee. Sie hoffen, dass ich es mir noch mal anders überlege."

Cindy zweifelte an dieser Aussicht. Sie kannte Mandy jetzt schon einige Jahre und in der Zeit hatte Mandy sich niemals etwas anders überlegt, was sie sich einmal in den Kopf gesetzt hatte.

Auf der Trainingsbahn fing Mandy an, Far Sailor im Zirkel im Schritt zu reiten, dann im Trab. Der Boden war nass vom schmelzenden Schnee und hin und wieder platschte Sailor in eine Pfütze. Doch Mandy schien ihn gut in der Hand zu haben.

Cindy ließ Glory halten, um zuzusehen. Sie lehnte sich im Sattel zurück und legte die Hände auf den Sattel. Glory stand entspannt auf drei Beinen. Er ist ein feuriges, temperamentvolles Rennpferd gewesen, aber auch als Reitpferd hat er noch mächtig Power, dachte Cindy zärtlich.

Nach ein paar Minuten ritt Mandy Sailor an die innere Grasbahn und ließ ihn halten. Der Springparcours, auf dem Tor letzte Woche mit Sailor trainiert hatte, stand noch.

Warum ist Mandy dorthin geritten?, fragte Cindy sich. Ist die Sandbahn zu tief?

Mandy schien mit Sailor zu reden. Dann ritt sie den Wallach auf die Hindernisse zu!

„Halt!", schrie Cindy und saß plötzlich kerzengerade. Mandy muss verrückt geworden sein! Sie ritt ein fremdes Pferd bei rutschigem Boden auf meterhohe Hindernisse zu!

Mandy galoppierte mit Sailor das erste Hindernis an, das aus dicken, zusammengebundenen Baumstämmen bestand. Cindy hielt die Luft an, als Mandy etwas zu kurz abzuspringen schien. Die schweren Stämme würden nicht nachgeben, wenn Sailor sie nicht richtig nahm.

Doch das gut ausgebildete Pferd glich den falschen Absprung geschickt aus und Sailor und Mandy nahmen das Hindernis mit Leichtigkeit. Dann wendete Mandy Sailor auf einen Hühnerstall zu und setzte mühelos darüber.

Cindy sank in den Sattel zurück. Wenn ich Mandy anschreie, störe ich nur ihre Konzentration, dachte sie. Und sie schafft ja alle Sprünge – wenigstens bis jetzt.

Nach vier weiteren schwierigen Hindernissen parierte Mandy Far Sailor durch und ritt im Leichttrab auf Cindy zu. Sie lachte. „Das war toll!", rief sie.

Cindy spürte die Wut in sich aufsteigen. Mandy hätte sich verletzen können. Ohne Anleitung ein so großes Pferd wie Sailor zu springen, war gefährlich. Cindy hätte einen Riesenärger kriegen können. Vielleicht kriegte sie den sowieso, wenn irgendjemand Mandys Vorstellung beobachtet hatte. „Mandy, niemand hat dir erlaubt zu springen", sagte Cindy streng.

„Niemand hat es mir verboten." Mandy grinste.

„Nur, weil niemand damit gerechnet hat." Cindy starrte ihre Freundin vorwurfsvoll an. „Wir sollten ins Gelände gehen."

„Die Bahn ist doch eine Art Gelände", sagte Mandy. Sie grinste immer noch. „Wow, das war ein Spaß!"

„Mensch, bin ich froh." Cindy seufzte und nahm Glorys Zügel auf. Ihre Hände zitterten noch immer von dem Schrecken. Ich hätte wissen müssen, dass Mandy irgend so was vorhat, dachte sie. Eigentlich sollte mich nichts überraschen, was Mandy auf einem Pferd veranstaltet.

* * * * *

Nach einem schnellen Mittagessen erklärte Samantha sich bereit, Cindy und Mandy zum Tierheim zu fahren. „Ich habe hier eine Menge zu tun, aber ich weiß, dass du keine Sekunde länger auf deine neue Katze warten willst", sagte sie lächelnd. „Ich hab' noch nicht vergessen, wie es ist, ein Teenager zu sein."

„Danke, Sammy!" Cindy sprang auf und lief zum Auto. Mandy folgte ihr dicht auf den Fersen.

Das Tierheim lag außerhalb von Lexington. Cindy wartete gespannt, während Samantha den Wagen parkte. Cindy konnte die Ausläufe sehen, in denen laut bellende Hunde in allen Farben und Formen herumtobten.

„Die Katzen sind drinnen", sagte Samantha.

„Woher weißt du das?" Cindy musste brüllen, um die Hunde zu übertönen.

„Ich habe hier mal ehrenamtlich gearbeitet." Samantha zeigte auf ein niedriges Betongebäude. „Das ist das Büro."

Cindy zeigte einem Tierschutzbeamten ihren Gutschein und er brachte sie zu den Katzenkäfigen. Langsam ging Cindy die lange Reihe der kleinen Einzelkäfige ab, in denen die unterschiedlichsten Katzen saßen. Es gab schwarze Katzen, getigerte Katzen und sogar eine elegante blauäugige Siamkatze.

„Oh, schau mal die hier." Mandy zeigte auf ein munteres weißes Kätzchen, das am Käfiggitter hochsprang.

„Was für eine Süße", sagte Cindy. Die meisten Katzen waren jetzt in ihren Käfigen nach vorne gekommen und schlugen mit ihren Pfoten gegen das Gitter oder sprangen daran hoch. Alle schienen sie Cindy anzubetteln, sie mit nach Hause zu nehmen.

Cindy zerriss es fast das Herz. Ich kann nicht glauben, dass niemand diese wunderschönen Tiere haben will, dachte sie. Wenn ich sie doch nur alle mitnehmen könnte.

Schließlich waren noch drei Katzen in der engeren Auswahl: ein freundlicher kohlschwarzer Kater, das verspielte weiße Kätzchen und eine kleine, schlanke junge Schildpattkatze. Die Schildpattkatze war die einzige, die ganz hinten in ihrem Käfig sitzen geblieben war. Doch mit den Augen verfolgte sie jede Bewegung von Cindy. „Ich kann mich nicht entscheiden", sagte Cindy.

„Nur eine, Cindy", warnte Samantha sie. „Beth hat mir gesagt, mit einer Wagenladung voller Tiere brauche ich erst gar nicht wiederzukommen."

Cindy zögerte und hielt dann der Schildpattkatze die Hand hin. Die kleine Katze kam ohne zu zögern nach vorne. Anscheinend akzeptierte sie Cindys Entscheidung. „Die anderen beiden Katzen sind so zutraulich, irgendjemand wird sie bestimmt aufnehmen", sagte Cindy. „Aber dieses Kätzchen ist so scheu, dass es vielleicht übersehen wird."

„Eine gute Wahl", lobte Mandy.

Cindy füllte im Büro die Papiere aus und trug die Katze zum Auto. Die Katze kuschelte sich in Cindys Arm und fing an zu schnurren.

„Wie willst du sie nennen?", fragte Mandy, als Samantha das Auto aus der Zufahrt lenkte.

„Ich weiß noch nicht." Cindy war überrascht, wie ruhig die Katze auch im Auto blieb. Sie scheint mir jetzt schon zu vertrauen, dachte sie.

Auf Whitebrook trug Cindy die Katze in die Futterkammer im Trainingsstall. Beth wollte keine Tiere im Haus und Cindy dachte, die Katze würde sich im Stall sowieso wohler fühlen. Hier konnten ihr die anderen Katzen Gesellschaft leisten.

„Geben wir ihr etwas Milch und was zu fressen", sagte Cindy zu Mandy. Sie hielt das Kätzchen immer noch im Arm. „Sie soll wissen, dass dies ihr Zuhause ist."

Mandy nahm eine Dose Katzenfutter vom Regal in der Futterkammer und leerte sie in eine Schüssel. Als Cindy die Katze auf den Boden setzte, begann sie sofort, hungrig und gleichzeitig vorsichtig zu fressen.

Mandy guckte aus der Tür. „Oh oh, wir kriegen Gesellschaft", sagte sie.

Der Großteil der Whitebrook-Katzen trabte flink die Stallgasse hoch. Sidney, der Katzenfreund von Stolz, war dabei und auch Flurry, die besondere Freundin von Shining. Irrwisch, Glorys Kumpel, bildete das Schlusslicht.

„Meinst du, sie werden etwas gegen die neue Katze haben?", fragte Mandy nervös.

„Ich glaube nicht", sagte Cindy. Die Schildpattkatze stellte ihren Schwanz hoch und stolzierte wie auf einem Laufsteg vor den anderen Katzen auf und ab.

Sidney fauchte und sein schwarzweißes Gesicht legte sich in Falten. Die beiden grauen Katzen setzten sich hin und blickten den Neuankömmling kalt an.

„Ich glaube, sie mögen sie nicht", sagte Mandy.

„Sie kennen sie bloß noch nicht. Armes Mädchen", sagte Cindy mitfühlend und streichelte über den Rücken des Kätzchens. „Ich denke, die anderen Katzen werden nach einer Weile schon auftauen. Und keine Sorge – ich wette, du findest auch bald einen Pferdefreund."

Kapitel 6

Zwei Tage vor den Fountain of Youth Stakes trat Cindy aus dem Flughafengebäude in die strahlende Sonne von Miami. Tief atmete sie die milde tropische Luft ein. „Das Wetter ist wunderbar!", rief sie aus.

„Hey, mir brauchst du nicht zu sagen, dass Florida toll ist", sagte Samantha, die Kevin auf ihrer Hüfte trug. „Ich bin hier geboren, weißt du noch?" Das rothaarige Kleinkind wand sich auf ihrem Arm, als wollte es sich auch umsehen.

„Du hast lange hier gelebt, nicht wahr, Sammy?", fragte Cindy.

Samantha guckte traurig. „Ich schätze, ich habe hier länger gelebt als irgendwo sonst."

Cindy nickte mitfühlend. Vielleicht hätte ich das nicht ansprechen sollen, dachte sie. Vor vielen Jahren hatten Ian und Samanthas Mutter geplant, sich in Florida niederzulassen, doch dann war Samanthas Mutter bei einem Reitunfall ums Leben gekommen, als Samantha zwölf war. Danach waren Ian und Samantha lange Zeit von Rennbahn zu Rennbahn gezogen, bis Ian schließlich eine Stelle als Assistenztrainer auf Whitebrook angenommen hatte.

Beth kam durch die Flughafentür, Christina auf dem Arm. „Warum steht ihr zwei da noch rum?", fragte Beth grinsend. „Wolltet ihr nicht auf die Rennbahn?"

Samantha lächelte. „Und ob!" Sie winkte ein Taxi heran.

„Ich hoffe, Champion geht es gut." Cindy blinzelte ins Sonnenlicht, als sie sich in das Taxi zwängten. Sie zog eine Sonnenbrille aus dem Rucksack. „Ich wünschte, ich ginge nicht mehr zur Schule", fügte sie hinzu. „Dann könnte ich immer bei ihm sein, wenn er unterwegs ist."

„Nix da, du wirst noch eine ganze Weile zur Schule gehen", sagte Beth bestimmt. „Eine gute Schulausbildung ist sehr wichtig in der Pferdebranche."

„Wahrscheinlich." Cindy seufzte. Sie wusste, dass Aileen nicht nur viel Zeit mit den Pferden verbrachte, sondern außerdem noch etliche Stunden im Stallbüro, wo sie mit Zahlen, Stammbäumen und Menschen zu tun hatte.

„Wir sehen uns nachher auf der Rennbahn", sagte Beth. „Ich bringe erst Kevin und Christina ins Motel, damit sie ein bisschen schlafen können."

„Wir sagen Dad Bescheid", antwortete Samantha.

Am Motel winkte Cindy Beth und Kevin zu. Dann blickte sie aus dem Taxifenster und hielt gespannt Ausschau nach der modernen, eleganten Rennbahn von Gulfstream. Florida kam ihr mit all seinen Palmen und Pastelltönen immer furchtbar exotisch vor.

„Wir sind da!", rief Samantha, als das Taxi in Gulfstream anhielt. Sie schlug die Taxitür zu. „Worauf warten wir noch?", sagte sie mit einem Grinsen. „Gehen wir zu unseren Pferden!"

„Wer Erster ist!" Cindy rannte am Rennbahneingang los. Ihr Herz platzte fast vor Freude bei dem Gedanken, Champion wiederzusehen. Als sie sich dem ersten der gepflegten, grün-weißen Stallblöcke näherte, verlangsamte sie ihre Schritte.

Es tut gut, sich keine Sorgen über die Whitebrook-Pferde machen zu müssen, dachte sie, als sie am ersten Stall vorbeiging. Seit der Ankunft der Pferde in Gulfstream hatten sie nur Positives über ihre Trainingsleistungen und ihre Gesundheit gehört.

Eine leichte, duftende Brise wehte Cindys blondes Haar zurück, als sie den Whitebrook-Stall erreichte. Champion, Limitless Time und Freedom's Ring standen alle in Stall neun. „Champion!", rief sie. „Ich bin da, mein Junge!"

Ein kurzes Wiehern schallte ihr zur Begrüßung entgegen, gefolgt vom ungeduldigen Scharren eines Hufs. Cindy duckte sich unter das weiße Vordach, das die Boxen vor der Sonne schützte, und lief zur Box des Hengstes.

Champion reckte den Kopf über die Boxentür. Als er Cindy erblickte, wieherte er noch einmal nachdrücklich.

„Ja, ich bin wieder da", sagte Cindy und lachte, als sie die Arme fest um seinen Hals schlang. „Ich habe dich so vermisst."

Cindy spürte, wie ihr plötzlich Tränen in die Augen stiegen. Champion ist so schön, dachte sie. Im matten Licht schimmerte das Fell des Hengstes in einem tiefen Schokoladenbraun und seine weiße Blesse leuchtete im Kontrast. An dem munteren Blitzen in seinen Augen sah Cindy, wie sehr es den Hengst drängte, auf die Bahn zu kommen.

Champion machte seinen Hals noch länger und untersuchte die Taschen von Cindys Shorts nach Möhren.

„Oh, tut mir Leid", entschuldigte Cindy sich. „Ich habe mich so beeilt, dass ich gar nicht dazu gekommen bin, mich mit Möhren einzudecken. Ich gehe schnell und hole welche." Cindy drehte sich auf dem Absatz um und stieß geradewegs mit ihrem Vater zusammen.

„Hallo, Cindy", sagte Ian lächelnd.

„Dad! Du hast mich erschreckt", beschwerte Cindy sich.

„Ich wollte euer Wiedersehen nicht stören." Ian lachte und umarmte Cindy. „Champion sieht gut aus, nicht? Aber er hat dich vermisst. Die meiste Zeit über hat er der Tür das Hinterteil zugedreht und geschmollt. Ich bin froh, dass du da bist, Schatz."

„Ich auch. Aber Champion sieht wirklich gut aus." Cindy war plötzlich ganz euphorisch zumute. Sie war überzeugt, dass er am Samstag gewinnen würde.

Cindy gab Champion ein paar Möhren und ging dann die Stallgasse hinunter, um die übrigen Pferde von Whitebrook zu begrüßen. Aileen und Samantha waren in Freedoms Box und besprachen sein kommendes Rennen am Freitag.

„Ich glaube immer noch, dass er eine Menge Potenzial hat", sagte Aileen und fuhr mit den Händen über den schwarzen Rücken des Hengstes. „Er hat einen etwas langsamen Start erwischt, aber nur im Vergleich mit einem frühreifen Pferd wie Champion. Freedom ist gerade mal drei – warten wir ab, wie er sich dieses Jahr entwickelt."

Cindy wusste, dass auf einer Rennbahn wie Gulfstream mit so vielen starken Konkurrenten kein Rennen ein Kinderspiel war. Sie klopfte den Hals des gutmütigen Rapphengstes und wünschte ihm still alles Gute.

„Kommt, sehen wir nach Limitless", sagte Aileen.

„Ich gebe Champion nur erst noch eine Möhre", sagte Cindy. Champion blickte erwartungsvoll aus seiner Box, als hätte er nur auf diese Idee gewartet. „Da, bitteschön", sagte Cindy und hielt ihm die Hand mit der Möhre hin.

Der große Hengst quiekte plötzlich ungehalten und machte einen Satz nach hinten. „Champion!", rief Cindy erschrocken. „Was ist denn bloß los?"

Champion schüttelte den Kopf. Dann trat er langsam wieder in der Box nach vorn und beschnupperte gründlich ihre Hand.

Cindy runzelte die Stirn. Warum benahm Champion sich so seltsam? „Ach, ich weiß", sagte sie. „Ich habe gerade Freedom geklopft und du riechst das an meiner Hand. Champion, das ist wirklich albern. Warum hasst du ihn nur so?"

Champion rieb den Kopf an ihren Händen und schmiegte sich zärtlich an sie. Entweder gibt er mir Recht oder er hat beschlossen, mir zu verzeihen, dachte Cindy. Sie schloss die Augen, ließ den Kopf auf seinen Hals sinken und genoss den sauberen Geruch seines weichen Fells. Es tat so gut, wieder bei ihrem Pferd zu sein.

Aileen kam herüber. „Gibt's Ärger?", fragte sie.

„Nee." Cindy öffnete die Augen und lächelte. „Meinst du nicht, Champion wird die Konkurrenz am Samstag in Grund und Boden rennen?", fragte sie. „Er scheint absolut dazu bereit."

„Das stimmt", pflichtete Aileen ihr bei und kraulte Champions Nüstern. „Aber beim Pferderennen gehört auch immer eine Portion Glück dazu und viele Dinge kann man nicht vorhersehen. Wir müssen einfach abwarten, wie das Rennen läuft."

* * * * *

Am Samstag, dem Renntag, sah Cindy sich Champion und seine Konkurrenten im Führring ganz genau an. Das Fountain of Youth war ein Vorbereitungsrennen für das Kentucky Derby und jedes Jahr trafen hier einige der talentiertesten Dreijährigen des Landes aufeinander. Cindy wusste, dass in diesem Jahr das Feld besonders stark war. Sechs Pferde gingen an den Start.

„Ist das Duke's Devil?", fragte Cindy Samantha. Der kraftvolle Rapphengst folgte seinem Trainer so ruhig wie ein Kinderreitpony. Doch bei jedem Schritt spielten die Muskelberge unter seinem glänzenden Fell. Er schien in Topform zu sein und strotzte vor Selbstvertrauen.

„Das ist er", sagte Samantha. „Er ist noch ein ganzes Stück gewachsen, seit er letztes Jahr im Bashford und im Breeders' Futurity gegen Champion gelaufen ist."

„Aber Champion geht als Favorit ins Rennen", bemerkte Cindy. Die Entscheidung der Wettbüros, Champion zum Favoriten für das Fountain of Youth zu machen, war sicher seinen Siegen in der Bonusserie letztes Jahr zu verdanken, dachte Cindy.

Cindys Blick wanderte zu Champion, der Duke's Devil in einiger Entfernung folgte. Champion ist ein perfektes Rennpferd, dachte sie, und ihre Brust füllte sich mit Stolz, als der hübsche Hengst an ihr vorbeistolzierte. Jeder Quadratzentimeter seines Körpers war auf Perfektion getrimmt. Champions tiefbraunes Fell leuchtete in der hellen Sonne von Florida und seine vier seidigen weißen Stiefel glitzerten. Champion schwitzte leicht, doch die Hitze schien ihn nicht zu stören.

Cindy sah, dass der Hengst nach Duke's Devil schielte, der den Abstand zwischen ihnen hatte kleiner werden lassen. Champions Ohren bewegten sich ein Stückchen nach hinten. „Nein, Champion!", stieß Cindy leise hervor. „Lass ihn in Ruhe!" Champion konnte den Rappen ganz offensichtlich nicht leiden. Vor den Bashford Stakes im vorigen Sommer hatte Champion tatsächlich versucht, ihn anzugreifen.

Len ruckelte sofort an Champions Führzügel, um ihn abzulenken. Die Ohren des Hengstes entspannten sich wieder. Er schien sich eines Besseren besonnen zu haben und ging nicht auf Duke's Devil los. „Gut." Cindy atmete erleichtert auf.

„Champion scheint sich das Streiten mit anderen Pferden im Führring endlich abgewöhnt zu haben", sagte Samantha.

„Ich bin aber trotzdem froh, dass Secret Sign und Shawn Biermont nicht hier sind", entgegnete Cindy. Champion hatte den anderen Hengst im vorigen Herbst in den Kentucky Cup Juvenile Stakes und im Breeders' Futurity geschlagen, doch Secret Signs Jockey Shawn Biermont hatte Champion während eines der Rennen mit der Peitsche geschlagen. Als Aileen ihn nach dem Rennen zur Rede gestellt hatte, hatte Shawn behauptet, Champion hätte seinen Hengst bedroht, und er habe ihn nur schützen wollen.

„Whitebrook ist auf Siegeskurs!", rief Beth von hinten. Beth stand mit Kevin auf dem Arm mehrere Reihen hinter Cindy.

Cindy drehte sich strahlend um und hob die Finger zum Victory-Zeichen. Cindy wusste, dass ihre Mutter auf Limitless Time anspielte, der am selben Tag schon ein Ausgleichsrennen mit drei Längen Vorsprung gewonnen hatte. Auch Freedom war in seinem Rennen am Vortag gut gelaufen – er war in einem Zehn-Pferde-Feld als Zweiter ins Ziel gegangen.

Die Reiter wurden zum Aufsitzen aufgefordert und Len führte Champion zu Aileen hinüber. Cindy und Samantha eilten zu ihnen.

Champion sah Cindy mit leuchtenden Augen an und schlug mit dem Kopf. Er war inzwischen ein alter Hase auf der Rennbahn und schien den Ablauf genau zu kennen. „Braver Junge", sagte Cindy und streichelte die samtenen Nüstern des Hengstes.

„Es ist so weit", sagte Aileen. „Champions erstes Rennen als Dreijähriger." Cindy sah, dass Aileen lächelte, doch ihr Gesicht war angespannt. Cindy erinnerte sich, was Aileen ihr von dem Druck erzählt hatte, der in solchen Momenten auf Jockeys lastete. Bis zum Kentucky Derby waren es noch mehr als zwei Monate, doch die Augen der ganzen Galoppwelt waren auf dieses Rennen gerichtet.

„Viel Glück." Cindy blickte zu Aileen hinauf.

Aileen lächelte und nahm die Zügel auf. „Ich glaube, das werden wir heute haben."

Champion schritt sofort munter vorwärts in Richtung Bahn; anscheinend konnte er den Start kaum erwarten. Cindy spürte einen kleinen Stich der Eifersucht, als Aileen ihn in den Tunnel ritt. Bis zu ihrem sechzehnten Geburtstag war es nur noch ein wenig über ein Jahr und Cindy sehnte sich mehr denn je danach, Champion in einem Rennen zu reiten.

Cindy steckte die Hände in die Taschen und mahnte sich zur Geduld. Niemand könnte Champion besser reiten als Aileen, rief sie sich ins Bewusstsein, während sie mit Beth, Kevin, Ian und Mike zur Tribüne ging.

Angespannt sah Cindy zu, wie die Pferde in die Startboxen einrückten, und betete, dass alle schnell hineingehen würden. Champion hatte als Zweiter seinen Stand bezogen und sie hoffte, dass er nicht zu lange stehen musste. Der Hengst könnte unruhig werden und schlecht abspringen.

Doch an diesem Tag zeigten sich alle Pferde von ihrer besten Seite und gingen anstandslos in die Startmaschine. Unter dem heißen blauen Himmel warteten sie ruhig auf das Startsignal.

Beim plötzlichen schrillen Klang des Startsignals stürzten die Pferde in einem dichten Gewirr aus braunen, schwarzen und grauen Pferdeleibern aus den Boxen. Mit pochendem Herzen versuchte Cindy, Champion in den Staubwolken auszumachen.

„Aileen hat ihn direkt nach vorne gebracht, er führt!", sagte Mike erleichtert.

„Ja!" Cindy atmete auf. Champion lief in einem guten Tempo am Rail, seine fast schwarze Mähne und sein Schweif wehten hinter ihm her.

„Wunders Champion führt um eine halbe Länge, auf Platz zwei Cool Swing, dicht vor CanIDoIt an dritter Stelle, dahinter Dare to Love und Fantail Kopf an Kopf!", rief der Kommentator. „Duke's Devil liegt sieben Längen zurück; so kommen sie das erste Mal an der Tribüne vorbei."

Die Pferde stürmten in den ersten Bogen, Champion an der Spitze. Wenn er das jetzt nur durchhalten kann, dachte Cindy. Das Rennen ging über eine und eine sechzehntel Meile und durch zwei Bögen. Das gab anderen Pferden im Feld reichlich Zeit, um anzugreifen.

„Champion muss sich ein wenig vom Feld absetzen", sagte Ian. „Jetzt, Aileen!"

Als hätte sie ihn gehört, gab Aileen Champion etwas mehr Zügel. Der Hengst stürmte vorwärts und seine flüssige Galoppade wurde immer länger. Auf der Gegengeraden zog er dem Feld um drei Längen davon.

„Perfekt, Champion", schrie Cindy. „Halt durch!"

„Ich hoffe, dass er das kann – er legt eine sehr schnelle Zeit vor", sagte Mike beunruhigt.

Cindy schluckte hart und überblickte hektisch das Feld. Sie konnte den Gedanken kaum ertragen, dass Champion fast das ganze Rennen über führen und kurz vorm Ziel noch überrannt werden könnte. Doch zu ihrer Erleichterung sah sie, dass die anderen Pferde weit abgeschlagen waren. CanIDoIt lag vier Längen zurück und Duke's Devil fünf. Keines der anderen Pferde schien noch eine Gefahr zu sein.

„Das Feld läuft in die Zielgerade ein!", rief der Kommentator. „Wunders Champion hält immer noch die Führung, fünf Längen vor CanIDoIt. CanIDoIt lässt nach. Doch da kommt Duke's Devil an der Außenseite auf, ein später Angriff! Er verkürzt den Abstand zu Wunders Champion auf zwei Längen – auf eine. Noch eine Achtelmeile zu rennen!"

„Nein!", flüsterte Cindy und sprang auf die Füße. Duke's Devil schob sich weiter an Champion heran, bis die Hengste fast Kopf an Kopf lagen. Der Zielpfosten rückte immer näher!

Champion wich leicht nach außen. Er schien den anderen Hengst zu beobachten.

„Lass ihn in Ruhe, Champion", keuchte Cindy. „Du musst rennen!"

Ihr blieb fast das Herz stehen, als sie sah, dass ihr Wunsch sich erfüllte. Champion schaltete plötzlich in einen anderen Gang. Er legte zu – er war jetzt so schnell, dass kein Pferd der Welt ihn mehr kriegen konnte! „Ja, das ist es, Junge!", schrie sie. „Ja – du bist großartig!"

Champion lief dem anderen Hengst davon und stürzte mit riesigen Galoppsprüngen auf das Ziel zu.

„Klarer Sieg von Wunders Champion mit einer Länge Vorsprung!", rief der Rennbahnsprecher. „Diesen Hengst sollten Sie sich schon mal fürs Derby vormerken."

Cindy jubelte und umarmte Samantha. „Kommt, gehen wir Aileen gratulieren!", sagte Cindy.

Aileen schwang sich gerade aus dem Sattel, als Cindy die Öffnung in den Rails erreichte. Sie klatschte mit Cindy die Hände zusammen und zwinkerte. „Das war heute ein Kinderspiel", sagte sie.

„Gut gemacht, Champion", lobte Cindy. Der dunkle Hals des Hengstes glänzte vor Schweiß, doch erfreut sah sie, wie leicht er atmete. Er schien das Rennen wunderbar überstanden zu haben.

Champion senkte den Kopf in Cindys Hände und schnaufte. Er ließ sie kurz seine Blesse streicheln, machte dann aber mit einem heftigen Schnauben einen Satz zur Seite.

„Nein, Champion – du gehst nicht noch mal an den Start!", sagte Cindy glücklich. „Ich glaube, für heute hast du genug getan."

„Das war ein Rennen wie aus dem Lehrbuch", sagte Ian, der übers ganze Gesicht strahlte.

„Champion ist ein großartiges Rennen gelaufen", stimmte Aileen zu. „Und mir ist da draußen auch niemand auf die Pelle gerückt."

„Und das Wetter war perfekt", sagte Mike. „Champion liebt einen trockenen, schnellen Boden."

„Gott sei Dank gab es keine Unfälle", fügte Beth hinzu.

Cindy hörte die anderen kaum. Im Geiste sah sie immer noch Champions fantastischen Zieleinlauf vor sich. Champion ruckte am Zügel, als wollte er sagen: Bin ich nicht ein toller Bursche?

„Du bist wunderbar, mein Junge", versicherte Cindy ihm. „Absolut der Beste!" All ihre Träume vom Kentucky Derby waren wieder lebendig und tanzten in ihrem Kopf. Cindy erinnerte sich an Wunders heldenhaften Endkampf auf der Zielgeraden beim Kentucky Derby Jahre zuvor, als sie ein Feld von Hengsten überrannt hatte. Und als Stolz bei seinem Derbysieg über die Ziellinie geflogen war, hatte er den Bahnrekord um zwei fünfzigstel Sekunden geschlagen.

Wie Champions Derby wohl wird?, fragte Cindy sich und strahlte glücklich. Wenn er so ein Rennen hinlegt wie gerade eben, wird er uns eine fantastische Vorstellung liefern.

Kapitel 7

Am späten Sonntagabend flog Cindy nach Whitebrook zurück und Champion blieb in Gulfstream Park. Es war furchtbar für sie, sich wieder von dem Hengst verabschieden zu müssen, doch es war auch nicht fair, Len so lange auf dem Gestüt im Stich zu lassen.

Am Sonntag war Cindy lange in Champions Box geblieben und hatte ihn gestreichelt und gelobt, damit er wusste, wie großartig er gewesen war. Und so etwas durfte man dem Hengst nicht zweimal sagen. Cindy hatte ihn so verwöhnt, dass er sie nicht für eine Minute aus der Box ließ, ohne sich mit einem lauten Wiehern zu beschweren.

Am nächsten Morgen in der Schule war Cindy noch müde von der Reise und den aufregenden Tagen. Gähnend zog sie die Bücher aus ihrem Schließfach. Ich sollte mir einfach einen faulen Tag machen, nach Hause gehen und mich ein bisschen aufs Ohr legen, dachte sie.

Dann fiel ihr ein, dass das nicht ging. Lauras kleine Schwester Chelsea wollte heute nach Whitebrook kommen, um ihren Ritt auf einem Vollblüter einzulösen, den sie bei der Tombola gewonnen hatte.

„Cindy!" Cindy blickte den Flur hinunter. Heather, Laura, Melissa und Sharon kamen ihr entgegen. „Erzähl uns von dem Rennen!"

„Champion hat gewonnen", sagte Cindy mit einem breiten Lächeln und vergaß plötzlich, wie müde sie war.

„Das wissen wir – aber du wolltest mich doch gestern Abend anrufen", beschwerte Heather sich.

„Das wollte ich ja, aber ich war nicht vor Mitternacht zu Hause", sagte Cindy. Schnell berichtete sie ihren Freundinnen in allen Einzelheiten von Champions Sieg, während sie zu ihren Kursen in der ersten Stunde gingen.

„Wann fliegst du wieder nach Gulfstream?", fragte Laura.

„Erst in drei Wochen – ich fliege direkt vor dem Florida Derby am 16. März runter. Meine Eltern haben gesagt, ich kann in der Zwischenzeit die ganzen Hausaufgaben nachholen." Cindy zuckte die Achseln. „Ich würde gerne früher fliegen, aber ich bin froh, dass ich vor seinem nächsten Rennen wieder bei ihm bin."

„Du hast doch gesagt, es geht ihm gut, nicht?", sagte Heather.

„Ja, das stimmt. Aber ich vermisse ihn." Cindy vermisste auch die Atmosphäre auf der Rennbahn, die knisternde Spannung, die über allem lag, vom Herausputzen der Pferde bis zu den aufregenden Momenten des Rennens selbst.

„Chelsea ist um vier bei euch, in Ordnung?", fragte Laura. „Seit Tagen spricht sie von nichts anderem mehr."

„Ich bin da", versprach Cindy.

„Nach der Schule ist Treffen vom Veranstaltungskomitee", sagte Melissa. „Wir wollen schon anfangen, den Abschlussball vor den Ferien zu planen."

„Ich gehe heute besser nicht zum Treffen, weil Chelsea vorbeikommt." Cindy wollte rechtzeitig nach Hause kommen, um genau das richtige Pferd für ihren Gast auszusuchen. Schließlich ist der erste Ritt auf einem Vollblut eine große Sache, dachte sie. Ich will diesen Ritt zu etwas ganz Besonderem machen, woran Chelsea sich ihr Leben lang erinnern wird.

* * * * *

Am Nachmittag erschien Chelsea um zehn vor vier auf Whitebrook. Sie lief zur Koppel, wo Cindy gerade Shining streichelte. „Wow, wer ist das?", fragte sie mit Feuereifer.

„Shining", sagte Cindy lächelnd. „Und ich bin Cindy."

Chelsea wurde rot. „Oh, Entschuldigung", sagte sie. „Ich bin Chelsea."

Cindy lachte. „Das hab ich mir schon gedacht."

Chelsea kletterte auf den Zaun. Ihr Blick wanderte über die Koppeln, auf denen Dutzende prächtige Vollblüter die ersten Triebe des neuen Frühlingsgrases abrupften. „Ich kann es gar nicht glauben, dass du hier mit all den Pferden wohnst", sagte sie mit ehrfürchtiger Stimme.

„Manchmal kann ich es selbst nicht glauben." Cindy lehnte sich neben Chelsea über den Zaun. „Also, welches Pferd gefällt dir?"

„Kann ich jedes reiten, das ich will?", fragte Chelsea begeistert.

„Nein, wir müssen ein Pferd aussuchen, das genau zu dir passt." Cindy musterte ihre kleine Besucherin, die vorsichtig Shinings schwarze Nase streichelte. Chelsea war klein und schlank. Sie hatte einen dichten dunklen Lockenkopf und graublaue Augen und Cindy schätzte sie auf etwa zehn Jahre. „Wie viel Reiterfahrung hast du schon?", fragte sie.

„Nicht viel." Chelsea guckte etwas niedergeschlagen. „Mein Vater trainiert bei den Souters, aber meine Eltern sagen, ich bin zu jung, um dort zu reiten. Wir haben selbst keine Pferde zu Hause. Er sagt, wir können uns keins leisten."

„Das ist wirklich schade. Aber ich hatte auch noch kein Pferd, als ich so alt war wie du, also gib die Hoffnung nicht auf", sagte Cindy.

Ein lautes Schnauben klang von Glorys Koppel herüber. Der graue Hengst beobachtete das Geschehen von seiner Koppel aus. Er schien entrüstet, weil er nicht im Mittelpunkt des Interesses stand.

„Ich reite den dort", sagte Chelsea schnell.

Cindy unterdrückte ein Lachen. Auch wenn Chelsea Glory nicht kannte, er sah kaum wie ein braves Reitpferd aus. Aber er ist schön, rief Cindy sich ins Bewusstsein. Darum hat Chelsea ihn sich wahrscheinlich ausgesucht. „Glory ist ein Deckhengst", sagte sie. „Er ist ein wirklich netter Hengst – er ist mein besonderer Liebling und ich habe bei seiner Ausbildung geholfen. Aber er ist nicht bei allen Menschen so vertrauensvoll. Ich würde dir nicht empfehlen, ihn bei einem deiner ersten Ritte zu nehmen."

„Sind all die Pferde so sensibel?", fragte Chelsea.

„Bei Rennpferden ist das fast die Regel." Cindy überlegte einen Moment.

„Wie wär's mit Ruling Spirit?", schlug sie vor. „Es ist das fast schwarze Pferd dort drüben bei den anderen Wallachen." Cindy zeigte auf eine der hinteren Koppeln. „Mein Freund Max reitet ihn meistens, wenn er hier ist. Spirit ist gutmütig, aber trotzdem spritzig."

„Er ist wunderschön", sagte Chelsea. „Ich würde ihn unheimlich gerne reiten."

Es ist nicht schwer, es ihr recht zu machen!, dachte Cindy. Sie hatte das jüngere Mädchen schon jetzt lieb gewonnen. „Spirit hilft uns beim Training der Rennpferde", sagte Cindy, während sie zur Koppel voranging.

„Ich will Arbeitsreiterin werden", sagte Chelsea entschlossen.

„Na ja, Spirit könnte ein gutes Pferd für dich sein, um damit anzufangen. Er kann dir etwas beibringen." Cindy ging zu dem Wallach und streifte ihm ein Halfter über. „Möchtest du ihn zum Stall führen?"

„Klar." Chelsea griff den Führstrick, doch sie stand auf Spirits rechter Seite.

„Man führt ein Pferd von links", sagte Cindy behutsam. „Man macht bei Pferden das meiste von links: Führen, Satteln und Aufsitzen. Spirit würde sich nicht daran stören, wenn du etwas von rechts machst, aber manche Pferde schon."

Chelsea wurde rot. „Das wusste ich eigentlich. Ich hab's nur vergessen."

Cindy sattelte und trenste Ruling Spirit im Stall auf und führte ihn zu einem Aufsitzblock. Chelsea kletterte rasch in den Sattel und nahm die Zügel auf. „Was jetzt?", sagte sie.

„Führen wir ihn etwas im Hof herum." Whitebrook hatte keine Reithalle oder einen Reitplatz. Und mit einem ehemaligen Rennpferd auf die Trainingsbahn zu gehen, und sei es noch so brav, war bestimmt keine gute Idee, dachte Cindy.

Chelsea saß mit geradem Rücken im Sattel, während Cindy Spirit um den Hof führte. „Mach ich es richtig?", fragte sie nervös. „Ich bin bis jetzt erst ... na ja, drei Mal geritten. Zweimal auf der Kirmes auf einem Pony und einmal bei Melissa auf einem Pferd."

„Du machst das großartig." Chelsea hielt ihre Hände und Beine zwar nicht ganz korrekt, doch ihr Sitz wirkte entspannt und sicher, fand Cindy. „Du siehst aus, als wärst du schon öfter geritten."

Chelseas Wangen glühten vor Freude. „Ich lese die ganze Zeit Pferdebücher", sagte sie. „Alle, die ich kriegen kann."

Spirit ging nur Schritt, doch Cindy konnte sehen, wie begeistert Chelsea von ihrem Ritt war. Das kleine Mädchen setzte sich tief in den Sattel, entspannte die Schultern und lächelte. Cindy war der Ansicht, dass sie sich aus dem Hof hinauswagen konnten.

„Möchtest du für ein paar Minuten ins Gelände gehen?", fragte sie.

Chelsea guckte nachdenklich. „Ich glaube, ich würde gerne einfach hier bleiben und eine Reitstunde bekommen. Ich meine, wenn ich ein Pferd hätte, würde ich jeden Tag beides machen ... Aber ich glaube nicht, dass ich je ein eigenes Pferd haben werde."

„Ich wette, eines Tages wirst du das, denn dein Vater ist Trainer", sagte Cindy.

„Ich hoffe es." Chelsea seufzte. „Manchmal denke ich, ich sterbe, wenn ich kein Pferd bekomme!"

Cindy gab Chelsea eine Stunde lang Reitunterricht. Sie korrigierte ihren Sitz, Hände und Schenkelhilfen. Sie konnte sehen, wie sehr sich das jüngere Mädchen anstrengte, an alles gleichzeitig zu denken. Am Ende der Stunde war Cindy überzeugt, dass Chelsea echte Fortschritte gemacht hatte.

„Du reißt immer noch zu schnell die Hände hoch, wenn du das Gleichgewicht verlierst", sagte Cindy. „Dann rutschen auch deine Absätze hoch und du verlierst wirklich das Gleichgewicht. Ich will dich nicht kritisieren – ich will dich nur auf ein paar Dinge hinweisen, an denen du arbeiten könntest."

„Das möchte ich ja, aber ich weiß nicht, wann ich wieder reiten werde." Chelsea schüttelte den Kopf.

„Du kannst ja ab und zu hier vorbeikommen." Cindy war klar, dass ihre Zeit schon jetzt sehr knapp war, mit all ihren Pflichten im Stall und den ganzen Schularbeiten. Doch irgendwie hatte das jüngere Mädchen es ihr angetan und Chelsea war eine so gelehrige Schülerin, dass Cindy nicht damit rechnete, sie beim Reiten lange bemuttern zu müssen.

Chelsea starrte Cindy an, als traue sie ihren Ohren nicht. Dann hellte sich ihr Gesicht auf. „Ich kann wirklich wieder hier reiten? Wow! Danke!"

„Es hat mir auch Spaß gemacht." Cindy sah das Auto der Billings die Zufahrt hochkommen. „Da kommt deine Mutter", sagte sie. „Bringen wir Spirit rein."

„Gut." Chelsea stieg korrekt an der linken Seite ab. Im Stall half sie Cindy, Spirits Sattel und Trense wegzubringen und ihn schnell zu putzen. Cindy sah mit Befriedigung, dass es Chelsea genauso viel Spaß zu machen schien, Spirit zu versorgen wie ihn zu reiten.

Ich sollte noch mit Honor arbeiten, dachte Cindy, als sie den Billings zum Abschied nachwinkte. Die frühe Winterdämmerung brach an, und Cindy war jetzt, nachdem sie Chelsea eine Stunde im Schritt und Trab herumgeführt hatte, noch müder als am Morgen. Doch seit Tagen war Cindy nicht mehr dazu gekommen, sich mit ihrem Lieblingsjährling zu beschäftigen.

Vielleicht kann ich eine halbe Stunde mit ihr dazwischenschieben, dachte Cindy, als sie zurück zu den Koppeln ging. Im schwachen Licht der Dämmerung waren die neun Jungstuten auf der Seitenkoppel kaum zu erkennen. Doch Cindy hatte keine Schwierigkeiten, Honor auszumachen. Das Fell der hellbraunen Stute leuchtete, und Cindy erkannte sofort ihren herrischen Gang. Honor umkreiste die anderen Jungstuten, als wollte sie sie zum Abendessen zusammentreiben.

„He, Honor, kommandierst du wieder die anderen Jährlinge herum?", rief Cindy.

Die braune Stute riss den Kopf herum und wieherte durchdringend. In der nächsten Sekunde flog sie auf das Tor zu, ihre langen, grazilen Beine verschlangen den Boden. Die anderen Stuten stürmten hinterher.

Honor bremste abrupt am Zaun und stieß ihr Maul in Cindys Hände. „Es ist noch nicht Abendbrotzeit", sagte Cindy und rieb das schwarze Maul und den weißen Stern der jungen Stute. Honor sieht so perfekt aus, wie ein Pferd nur aussehen kann, dachte Cindy. Honor war nicht groß, doch in ihren weit auseinander liegenden Augen und ihrem herrlich geformten Kopf lag die ganze Schönheit von Wunders Linie. Ihr Exterieur war makellos, vom korrekten Winkel der Schultern und Fesseln bis zur edlen Wölbung ihres Halses.

„Lass uns ein bisschen arbeiten und dann bringen wir dich zum Abendessen in den Stall." Behutsam strich Cindy an einem der Vorderbeine der Stute hinab, bis sie den Huf erreichte. Nach einem kurzen Zögern ließ Honor sie den Huf hochheben. Das

Gleiche machte Cindy der Reihe nach mit allen vier Hufen. Anschließend führte sie Honor um die Koppel.

Die anderen Jungstuten folgten ihnen eifersüchtig. Sie rempelten sich gegenseitig und manchmal auch Cindy und Honor an. Bei einem besonders harten Schubser von Black Stream wirbelte Honor herum und legte die Ohren an. Black Stream rettete sich mit einem Satz zur Seite.

„Honor, alles in Ordnung", sagte Cindy schnell. „Sie tut dir nichts – sie will nur auch ein wenig Aufmerksamkeit." Honors Ohren schnellten sofort in Cindys Richtung und blieben dann oben. Sie lief weiter hinter Cindy her. Gut, dachte Cindy. Sie ist nicht nachtragend und verliert nicht die Konzentration – noch einen aggressiven Champion kann ich im Moment nicht gebrauchen!

Cindy und Honor drehten weiter ihre Runden um die Koppel. In der Dunkelheit konnte Cindy die Pferde kaum noch sehen, doch sie spürte ihren heißen Atem an Armen und Händen. Sie liebte die Nähe der edlen jungen Pferde. Sie hielten sie warm, während die Nacht anbrach und die Winterkälte zurückkehrte.

Cindy ließ Honor anhalten und begutachtete sie. Das braune Fell der jungen Stute war dick und weißer Atem stieß aus ihren Nüstern. Sie war schon jetzt größer als Cindy. „Es ist nicht schwer, sich vorzustellen, dich zu reiten", sagte Cindy. „Der Sommer scheint weit weg, doch es sind nur noch ein paar Monate. Dann fangen wir an, dich anzureiten. Das ist der erste große Schritt, dich auf die Rennen im kommenden Jahr vorzubereiten, wenn du zwei bist."

Mit jedem Tag sehnte sich Cindy mehr danach, Honors Arbeitsreiterin zu werden – und sie eines Tages auch in Rennen zu reiten. Als sie Chelsea Unterricht gegeben hatte, war Cindy bewusst geworden, wie viel sie in den vergangenen Jahren über Pferde gelernt hatte. Sie hatte Glory und Champion im Training geritten und bei ihrer Ausbildung geholfen, aber unter wirklich ungewöhnlichen Umständen. Cindy hatte Glory gefunden, nachdem er brutalen Trainern ausgerissen war. Erst musste sie ganz Whitebrook davon überzeugen, dass er Talent hatte, und schließlich noch, ihn auch zu kaufen. Und Champions Ausbildung hatte zu einer Zeit begonnen, als Aileen mit anderen Pferden stark beschäftigt war.

Cindy wusste, dass Aileen Honor vielleicht selbst reiten wollte. Honor war der einzige Nachkomme von Townsend Princess, Wunders Tochter.

Nun ja, Black Stream und Lucky Chance brauchen auch einen Trainingsreiter und einen Jockey, sagte Cindy sich und klopfte Honors Hals. Aileen hatte versprochen, dass Cindy eine der drei Jungstuten reiten dürfte. Doch seitdem hatte Aileen kein Wort mehr darüber verloren. Cindy fragte sich, ob Aileen ihr Versprechen vergessen hatte.

„Komm, bringen wir sie rein!", rief Len vom Trainingsstall herüber.

„Okay!" Cindy hakte einen Führstrick in Honors Halfter und warf einen Blick auf das schöne Pferd. „Du bist wirklich etwas ganz Besonderes", sagte sie. „Ich hoffe, ich bin gut genug, um dich zu reiten."

Kapitel 8

„Und der Start ist erfolgt!", rief der Kommentator beim Start des Florida Derby am 16. März. „Wunders Champion geht mit einem schnellen Antritt in Führung und wiederholt seine Vorstellung vom Fountain of Youth. Eine Länge dahinter Secret Sign und Sky Beauty, vor Ruby's Slipper an vierter Stelle; so geht es in den ersten Bogen."

Lauf, Champion!, feuerte Cindy den Hengst in Gedanken an. Sie lächelte schon jetzt. Nach seinem fantastischen Sieg im Fountain of Youth war Champion der Dreijährige im Land, über den am meisten geredet wurde. In diesem Rennen war er Pari-Favorit.

Cindy strich sich die feuchten Haare aus dem Gesicht und beobachtete Champion. Es war ein heißer Tag in Florida mit klarem Sonnenschein und einer trockenen, schnellen Bahn. Die Bedingungen waren ideal für Champion.

Champion stürmte in die Gegenseite, sein fast schwarzer Schweif wehte waagerecht hinter ihm her. Secret Sign und Sky Beauty waren ihm immer noch dicht auf den Fersen. Die anderen sieben Pferde drängten sich im dichten Pulk direkt hinter den Pferden an der Spitze. Wie ein geschlossenes Bündel aus Energie fegten die zehn Vollblüter in den Schlussbogen.

Alle anderen Pferde werden zurückfallen, sagte sich Cindy zuversichtlich. Das tun die Pferde in Champions Rennen immer.

Fast im selben Moment fiel Secret Sign auf den vierten Platz zurück, dann auf den fünften. „Ist Secret Sign aus dem Rennen, Dad?", fragte Cindy hoffnungsvoll. Der Schimmelhengst war Champions Hauptkonkurrent.

„Nein, das glaube ich nicht – sein Jockey hält ihn nur noch zurück", antwortete Ian.

Mike blickte durch sein Fernglas. „Champion ist genau dort, wo wir ihn haben wollen. Aber er muss ein hohes Tempo vorlegen, um sich vor Sky Beauty und dem Rest des Feldes zu halten."

„Was für eine Meute da draußen!", sagte Samantha nervös. „Aileen kriegt bestimmt Probleme in dem Gedränge."

„Es sind eine Menge starke Konkurrenten dabei." Mikes Stimme klang abgehackt.

„Wie Champion." Beth sah an Mike vorbei, um Cindy anzulächeln.

Cindy lächelte zurück. Aber jetzt, wo die Pferde in die Gegengerade rasten, konnte sie sehen, wie Sky Beauty rasant Champions Führung verkürzte. Cindy wusste, dass die braune Stute eine harte Konkurrentin war.

„Eingangs der Zielgeraden führt Wunders Champion mit einer Länge!", rief der Kommentator. „Aber Sky Beauty kommt auf und greift an!"

Cindy knetete nervös ihr Programmheft. „Champion kann immer noch seinen Turbo einschalten, nicht, Dad? Dann wird er sie schlagen."

„Vielleicht." Ian umfasste fest das Geländer. „Sky Beauty scheint noch eine Menge Reserven zu haben."

Mit einem plötzlichen Schub brachte Sky Beauty ihre Nase vor Champions. Mit jedem Galoppsprung machte sie Boden gut, und es war nur noch eine Achtelmeile bis zum Ziel!

„Nein! Hol sie dir, Champion!", schrie Cindy. „Sag's ihm, Aileen!"

Als hätte sie Cindy gehört, kauerte Aileen sich flach über Champions Hals und forderte von dem Hengst alles, was er hatte. Sofort wurden Champions Galoppsprünge länger. Er fing an, Sky Beautys Vorsprung wieder zu verringern. „Er hat mehr drauf!", schrie Cindy. „Er hat sie eingeholt!"

„Aber da kommt Secret Sign von hinten!", rief Mike.

Cindy riss den Blick von Champion und Sky Beauty. Entsetzt sah sie, wie Secret Sign wie ein Geschoss an die Spitze heranpreschte. Er hatte die Pferde an dritter und vierter Stelle bereits überholt und jagte nun Sky Beauty hinterher.

Champion und Sky Beauty liefen fast Kopf an Kopf und direkt vor Secret Sign. „Er kann nicht durch!", schrie Cindy. „Champion wird gewinnen!"

„Shawn meint, er muss es versuchen!", rief Mike.

Es ging alles so schnell, dass Cindy kaum wahrnahm, was genau passierte. Secret Sign schob sich langsam aber sicher zwischen Champions und Sky Beautys Flanken. Cindy reckte sich in ihrem Sitz hoch und flehte Champion in Gedanken an, noch schneller zu laufen. Champions Vorderbeine streckten sich der Ziellinie entgegen, doch Secret Sign wollte ihm den Sieg wegschnappen!

Champion schien den gleichen Gedanken zu haben. Er drehte dem anderen Hengst den Kopf zu und legte die Ohren an.

Nein! Cindy schnappte nach Luft. Champion löste sich vom Rail nach außen, und mit einem entsetzlichen Ruck stießen die beiden Hengste zusammen. In derselben Sekunde ließ Sky Beauty Champion hinter sich.

Cindy stöhnte auf, als Aileen und Shawn um ihr Gleichgewicht rangen. „Halt dich, Aileen!", schrie Mike. Sein Gesicht war vor Angst verzerrt.

Aileen hatte sich fast sofort wieder gefangen. Schon kauerte sie wieder über Champions Hals und trieb ihn vorwärts. Panisch blickte Cindy auf das Geläuf und stellte fest, dass Champion mit perfekten, gleichmäßigen Sprüngen weitergaloppierte. Er hatte sich bei dem Zusammenstoß nicht verletzt. Auch Secret Sign hatte seinen Rhythmus wiedergefunden.

„Aileen hat Champion wieder auf Spur gebracht!", rief Mike.

„Aber es ist zu spät!" Ian rieb sich die Stirn.

Sky Beauty fegte über die Ziellinie, eine Länge vor den streitenden Hengsten.

Cindy sank auf ihrem Sitz zusammen und umklammerte das zerrissene Programmheft. Sie registrierte kaum, dass Champion sich auf dem zweiten Platz gehalten hatte. Es war so schrecklich, als Champion und Aileen beinahe gestürzt sind, dachte sie. Als sie in die bestürzten Gesichter ihrer Familie blickte, sah Cindy, dass sie genauso fühlten.

„Okay, lasst uns mit Aileen sprechen." Mike atmete tief aus. Sein Gesicht war bleich. Cindy wusste, dass er um Aileens Leben gefürchtet hatte, als die Hengste zusammengeprallt waren.

Das ist jetzt so anders, als ich mir den Tag ausgemalt hatte, dachte Cindy unglücklich, während sie hinunter zum Absattelring liefen. Ich hätte mir nicht so sicher sein dürfen, dass Champion gewinnt – kein Pferd siegt in allen Rennen.

„Sky Beauty ist eine Stute mit Kämpferherz", sagte Ian seufzend. „Um sie zu schlagen, muss Champion sein Bestes geben."

„Und das hat er nicht." Cindy war ganz elend zumute. Sie hatte gedacht, Champions Unart, andere Pferde anzugreifen, wäre längst Vergangenheit.

Aileen ritt Champion zum Bahneingang. Der Hengst schäumte, und seine Nüstern bebten. „Er ist sehr erhitzt", sagte Aileen knapp. „Bringen wir ihn zum Stall und kühlen ihn ab."

Cindy nickte und untersuchte den Hengst mit prüfendem Blick. Es war ein heißer Tag, doch normalerweise schwitzte Champion nicht stark. Sie warf einen Blick auf die Anzeigetafel. Die Zeiten des Rennens waren schnell, aber nicht sensationell.

„Er ist so erhitzt, weil er sich aufgeregt hat", sagte Cindy.

„Wahrscheinlich", stimmte Aileen zu, während sie absaß.

Champion stieß Cindy kräftig mit dem Kopf an und sagte ihr damit, dass er sich noch nicht beruhigt hatte. Er sah sie mit einem fragenden, empörten Ausdruck an, als könne er es selbst nicht glauben, dass er verloren hatte. „Champion, du hättest dich schwer verletzen können", sagte Cindy. Sie war immer noch wie benommen von den schrecklichen Augenblicken kurz vorm Ziel. „Warum bist du auf Secret Sign losgegangen?"

Champion ließ den Kopf hängen. Er schien zu sagen, dass er es auch nicht wusste. Cindy hatte Erbarmen und kraulte seine Ohren. Der Hengst hatte Aileen ja nicht absichtlich in Gefahr gebracht.

„Was ist da draußen passiert?", fragte Mike Aileen leise. „Hat Secret Sign Champion irgendwie behindert?"

„Ja schon, aber Champion ihn noch mehr." Aileen wirkte ernüchtert. „Ich habe bereits mit Shawn gesprochen. Wir sind uns einig, dass wir ein Problem haben, das nicht durch eine Beschwerde bei der Rennleitung gelöst werden kann."

„Vielleicht sollten wir es bei Champion mal mit Scheuklappen probieren", sagte Ian.

„Ja, vielleicht lässt er sich dann nicht mehr ablenken", stimmte Aileen zu. „Bis zu den letzten paar Sekunden lagen wir ziemlich gut im Rennen."

„Warum hat Champion sich so aufgeführt?" Cindy schüttelte den Kopf. „Er will doch gewinnen, oder nicht?"

Aileen blickte sich um. Mehrere Reporter kamen auf sie zu. „Cindy, lass uns Champion zu den Ställen bringen und dort darüber reden", sagte sie. „Ian und Mike können sich um die Reporter kümmern – sie sind ziemlich gut darin. Ich fühle mich gerade einfach nicht in der Lage, mit der Presse zu reden."

„Okay." Cindy sah Champion an. Er atmete jetzt fast normal. Der Hengst stieß sie wieder mit dem Kopf an, diesmal etwas sanfter. Er folgte ihr ruhig von der Bahn.

„Ich weiß nicht, was du erwartest, Champion, aber ich kann Secret Sign nicht wegzaubern, damit du gewinnst", sagte Cindy. Sie bemerkte, dass Secret Sign zumindest im Moment verschwunden war – Shawn hatte ihn schnell von der Bahn gebracht.

„Nein, aber da liegt das Problem", entgegnete Aileen. „Champion hat sehr starke Vorlieben und Abneigungen bei Menschen und Pferden. Und mit dem Alter sind sie nur noch stärker geworden. Das ist es, was mir Sorgen macht bei dieser Niederlage, Cindy. Wir erleben in Champions Rennen immer wieder die gleichen alten Unarten."

„Champion will nicht verlieren", sagte Cindy, während sie und Aileen den Hengst vor den Ställen trockenführten. „Und ich glaube wirklich, er will es uns recht machen."

„Vielleicht glaubt er ja, er macht, was wir wollen", sagte Aileen. „Wir wollen, dass er siegt, also versucht er, die anderen Pferde einzuschüchtern."

„Hm." Das macht mehr Sinn, dachte Cindy. Sie liebte Champion und sie wusste, dass er sie liebte. Sie vertrauten einander jetzt beide und der Hengst vertraute auch Aileen.

„Na ja, auf jeden Fall muss ich Champion in Zukunft von Secret Sign fern halten", sagte Aileen. „Aber das ist leichter gesagt als getan. Secret Sign wird mit ziemlicher Sicherheit im Derby starten. Aber vielleicht ziehen die beiden Hengste ja weit auseinander liegende Startboxen."

Cindy schwieg. Sie bezweifelte, dass Aileen das für die Lösung hielt.

„Champion muss einfach damit aufhören." Aileen klang frustriert. „Verflixt noch mal! Die vorletzte Achtelmeile des Rennens ist er in elf Komma acht Sekunden gelaufen – das ist wahnsinnig schnell. Ich weiß einfach, dass er das Zeug zum Derbysieger hat."

„Da bin ich mir auch sicher." Cindy fuhr mit der Hand liebevoll über Champions Hals. Der Hengst schien jetzt völlig abgekühlt, doch sie wollte ihn sicherheitshalber noch eine halbe Stunde führen. „Was sollen wir machen?", fragte sie. Cindy sah ihren Vater und Mike über den Hof auf sie zukommen.

Aileen schob die Stirn in Falten. „Nun, es gibt noch einen Plan B für den Fall, dass Champion das Florida Derby verliert." Sie sah Mike an.

„Wir lassen Champion in den Lexington Stakes in Keeneland starten", sagte Mike. „Das heißt, wir nehmen ihn wieder runter auf eine Meile und ein Sechzehntel. Möglicherweise hatten die Schwierigkeiten heute damit zu tun, dass das Rennen über eine volle und eine Achtelmeile ging. Champion ist eine so weite Distanz noch nie in einem Rennen gelaufen."

Cindy zuckte zusammen. Mike hört sich an, als hätte er das Vertrauen in Champion verloren, dachte sie. Cindy hoffte, dass die Länge der Strecke nicht das Problem war. Das Kentucky Derby ging über eine und eine Viertelmeile, also eine ganze Achtelmeile länger als das Florida Derby. Die Konkurrenz würde sogar noch härter sein. Einige Anwärter folgten den gleichen Schritten auf dem Weg zum Kentucky Derby wie Champion, doch manche starteten auf anderen Rennbahnen in Amerika und Europa. Sie alle würden beim Derby in Louisville aufeinander treffen.

„Wann sind die Lexington Stakes?", fragte Cindy. „Wie viel Zeit haben wir, um ihn vorzubereiten?"

„Das Rennen ist am 21. April", sagte Aileen. Sie sah nicht glücklich aus.

„Aber das ist zwei Wochen vorm Derby!" Cindy sah Aileen schockiert an. „Wird Champion das nicht eine Menge Kraft kosten?", fragte sie zögernd. Vielleicht zu viel, fügte sie in Gedanken hinzu. Was, wenn Mike Recht hatte und Champion mit längeren Distanzen nicht zurechtkam?

„Vielleicht verlangen wir sehr viel von Champion." Aileen zog die Augenbrauen zusammen. „Aber Cindy, es wäre nicht gut, ihn nach so einem schlechten Finish wie heute im Kentucky

Derby starten zu lassen. Wir müssen ihn erst wieder in Form bringen."

Da musste Cindy zustimmen. Aber wie?, dachte sie, während sie Champion im Kreis um den Hof führte. Der Hengst stieß sie von hinten mit dem Kopf an; er schien ihr vertrautes Ritual zu genießen.

„Du verstehst doch sonst immer, was ich will", sagte Cindy und fuhr mit der Hand durch die dichte Mähne des Pferdes. „Also hör zu. Ich will, dass du gewinnst, aber nicht, indem du andere Pferde einschüchterst. Ein unsportlicher Sieg zählt nichts. Ich habe gedacht, du wüsstest das."

Champion blieb wie angewurzelt stehen. Entweder starrte er einer Schimmelstute hinterher, die gerade aus einem angrenzenden Stall kam, oder er ärgerte sich über ihre Standpauke.

Jetzt schwenkte der Hengst seinen Kopf herum, um sie anzusehen; seine dunklen Augen blickten weich aus seinem hübschen Gesicht. „Ach, ich weiß ja", sagte sie mit einem Seufzer. „Ich hab dich doch auch lieb. Es ist alles gut, mein Junge."

Sie schlang die Arme um den glänzenden braunen Pferdehals und drückte ihre Wange in das dichte Fell. „Wir kriegen das schon hin", versprach sie. „Ein so kluges und talentiertes Pferd wie du muss das Derby einfach gewinnen."

Kapitel 9

Zwei Wochen später wachte Cindy auf und drehte sich im Bett herum. Sie versuchte, sich zu erinnern, was denn heute eigentlich Besonderes sein sollte. Irgendetwas war da doch ... Die warme Frühlingssonne flutete in ihr kleines, gemütliches Zimmer und ließ die Blumenmuster auf Vorhang und Bettdecke lebendig werden.

Cindy räkelte sich faul und genoss die Sonne auf ihrem Gesicht. Es ist spät – warum hat mich niemand geweckt?, dachte sie und verschränkte die Arme hinterm Kopf.

Plötzlich setzte sie sich kerzengerade auf. „Es ist mein Geburtstag! Wie konnte ich das vergessen?"

Schnell schlüpfte Cindy in Jeans und T-Shirt und sprang die Treppe hinunter zur Küche. Eigentlich kein Wunder, dass ich das vergessen habe, dachte sie. Champion war am Tag nach seiner Niederlage im Florida Derby nach Whitebrook zurückgekehrt. Von diesem Moment an hatte Cindy bei allem, was sie tat, nichts als Pferde im Kopf gehabt – sogar im Schlaf. Sie war fest entschlossen, die Niederlage des Hengstes wieder gutzumachen, damit er das Lexington gewann und danach auch das Kentucky Derby. Solange es irgendetwas gab, das sie tun konnte, wollte Cindy den Derbysieg nicht dem Zufall überlassen.

Beth und Samantha saßen am Küchentisch und tranken Kaffee. Kevin hockte still in seinem Kinderstuhl und spielte mit den verschütteten Cornflakes auf seinem Tischchen.

„Herzlichen Glückwunsch zum Geburtstag, Cindy", sagte Beth mit einem Lächeln. „Wie fühlt man sich mit 15?"

„Zarte 15 und noch nie geküsst", neckte Samantha.

Cindy schoss das Blut ins Gesicht. Max hatte sie seit der Ballnacht nicht wieder geküsst, aber sie hatte oft an diesen Kuss gedacht. Sie wusste nicht, ob es Max genauso ging. Cindy hatte niemandem erzählt, was passiert war – dazu war es viel zu persönlich. Doch sie fragte sich, was ihre Freundinnen wohl dächten, wenn sie es ihnen erzählte. „Das stimmt, ich bin noch nie geküsst worden", stammelte sie und fasste sich an die glühenden Wangen.

„Es wird in Zukunft noch genügend Küsse geben", sagte Beth hastig. „Cindy, deine Geschenke sind im Wohnzimmer. Möchtest du sie jetzt öffnen oder willst du bis zu deiner Party heute Abend warten?" Cindy hatte eine große Party geplant. Sie hatte all ihre Freunde aus der neunten Klasse und Mandy eingeladen.

„Machst du Witze? Ich kann keine Sekunde mehr warten!" Cindy stürzte ins Wohnzimmer, gefolgt von Samantha und Beth mit Kevin auf dem Arm. Vor dem Kamin türmten sich die bunten Pakete.

Cindy riss das Geschenkpapier auf. Von ihren Eltern hatte sie mehrere neue CDs bekommen und von Aileen und Mike einen Geschenkgutschein von ihrem Lieblingsladen für Reiterbedarf.

„Die CDs sind genau, was ich mir gewünscht habe, und der Geschenkgutschein auch", sagte Cindy strahlend. „Ich weiß schon, was ich mir für den Gutschein hole – ein Lederhalfter für Honor Bright." Die junge Stute war so schön, dass sie etwas Besseres als das normale Nylonhalfter verdient hatte, dachte Cindy.

Sie hielt ein großes würfelförmiges Paket hoch. „Von Champion und Samantha", las sie vor, als sie das Schild sah. Schnell öffnete sie den Karton. „Eine neue Reitkappe!" Cindy setzte sie gleich auf. „Danke, Sammy."

„Bitte", sagte Samantha. „Champion und ich wussten, dass du eine brauchst."

Ja, Champion wird das wohl gewusst haben, dachte Cindy und verzog das Gesicht. Ihre alte Kappe war ziemlich ramponiert und daran war Champion schuld. Im vorigen Jahr hatte er sie mehrmals abgeworfen und die Kappe hatte die Stürze nicht so gut überstanden wie Cindy. Außerdem hatte sie sie einmal leichtsinnigerweise in der Nähe von Champions Box liegen lassen – außer seiner Reichweite, wie sie dachte. Der Hengst hatte ein paar Bissen vom Stoff probiert.

„Ich geh runter zum Stall, um mich bei Champion zu bedanken", sagte sie. Samantha nickte. „Ich komme gleich nach. Ich bin Limitless heute Morgen schon geritten."

Cindy rannte den Weg zum Stall hinunter und atmete die frische Luft tief ein. Der Frühlingstag war mild und windstill und die jungen Blätter, die sich im Sonnenlicht langsam auseinander rollten, tauchten die Bäume im Hof in ein helles, fedriges Grün. Ich werde heute Morgen nicht viel Zeit haben, Champion zu reiten, weil ich in die Schule muss, dachte sie. Ich wünschte, Mom und Sammy hätten mich doch nicht so lange schlafen lassen.

Cindy hatte mit dem Hengst seit seiner Niederlage im Florida Derby hart trainiert, um ihn auf die Lexington Stakes im April vorzubereiten. Champion war unter ihr fantastisch gegangen und nur so über die Bahn geflogen.

Sie verzog das Gesicht. Champions Arbeitsleistungen könnten nicht besser sein – außer wenn Freedom und Vic ihm in die Quere kommen, dachte sie. Das geschah nicht oft. Vic nahm sich vor Champion in Acht und hielt seine Pferde, besonders Freedom, in gebührendem Abstand. Als Vic einmal versehentlich mit Freedom Champions Weg gekreuzt hatte, war Cindy klar geworden, was Aileen damit gemeint hatte, dass Champions Abneigungen sich noch verstärkt hätten. Champion hatte ein wutentbranntes Quieken ausgestoßen und versucht, sich auf den anderen Hengst zu stürzen. Nur mit knapper Not hatte Cindy ihn zurückhalten können.

Im Stall guckte Champion ungehalten aus seiner Box, als wüsste er, woran sie gerade dachte. Der Hengst wieherte laut und nickte mit dem Kopf.

„Du kannst es wohl kaum erwarten, den neuen Tag zu begrüßen", sagte Cindy und lachte.

Cindys Herz ging auf beim Anblick des hübschen Hengstes. Champion hatte vielleicht starke Abneigungen, doch seine Zuneigung war genauso stark. In den vergangenen zwei Wochen hatten sich die Bande zwischen Cindy und dem Hengst noch vertieft – mehr als Cindy für möglich gehalten hätte. Obwohl Champion schwierig war, war sie mehr denn je davon überzeugt, dass ihm große Siege auf der Rennbahn bevorstanden.

„Nur eine Minute, mein Junge!", rief sie. Cindy warf einen Blick auf die Tafel im Büro. Für Champion war heute nur Schrittarbeit vorgesehen, kein Kanter oder Galopp. Trotzdem beeile ich mich besser, sonst schaffe ich es nicht rechtzeitig zur Schule, dachte Cindy. Eigentlich sollte jeder an seinem Geburtstag frei haben.

Ein kleiner Schatten verfolgte Cindy auf dem Weg zu Champions Box. Als sie sich schnell umdrehte, sah sie, dass ihre Katze aus dem Tierheim hinter ihr hertrabte. „Kommst du mit mir Champion besuchen, Mietze?", fragte sie. Cindy mochte es sich kaum eingestehen, doch bei der Namenssuche für die kleine Schildpattkatze hatte sie ein völliges Brett vorm Kopf. Sie nannte sie einfach Mietze, solange sie nach einem besseren Namen suchte, doch bis jetzt war ihr keiner eingefallen. Cindy machte sich ein wenig Sorgen, weil Mietze sich nicht richtig auf Whitebrook eingelebt hatte. Sie war immer noch scheu, sogar bei Cindy, und hatte sich mit keiner der anderen Katzen angefreundet. Mit Freude sah Cindy daher, dass das Kätzchen ihr heute folgte. Das war ein Anfang.

Champion reckte unruhig den Kopf über die Boxentür. „Wir gehen ja nach draußen, mein Junge", beruhigte sie ihn. Sie wusste, wie ungern Champion in der Box herumstand.

Cindy griff nach Champions Sattelzeug, das Len schon über die Tür einer leeren Box gehängt hatte. Als sie sich wieder umdrehte, sah sie gerade noch, wie Mietze auf Champions Rücken sprang.

Cindy unterdrückte einen Schrei. Champion hasste Katzen und sie konnte sich nicht vorstellen, dass er eine Katze auch nur eine Sekunde auf seinem Rücken dulden würde. Wenn Mietze abrutscht, wird sie sich sofort in Champion festkrallen, dachte Cindy. Der reizbare Hengst war ohne Weiteres in der Lage, Mietze abzuschütteln, sie gegen die Wand zu schleudern und totzutrampeln.

Champion erzitterte bei dem plötzlichen Aufprall und die Katze schwankte kurz auf seinem Rücken. Cindy ging schnell, aber ruhig zurück zur Box. Sie wusste, dass es beide Tiere nur noch mehr aufregen würde, wenn sie rannte oder schrie. Sie versuchte, die Katze über die Boxentür hinweg zu kriegen, doch Champion stand zu weit weg.

Die kleine Katze richtete sich auf und fing an zu schnurren. Vielleicht kann Champion ihre Krallen nicht spüren. Er hatte so ein dichtes Fell, fast wie ein Teppich. „Komm her, meine

Kleine", lockte Cindy. Doch die Katze schnurrte nur noch lauter. Dann fing sie an, auf Champions Rücken hin und her zu spazieren.

Zu Cindys Verblüffung zeigte Champion keine Reaktion. Die Ohren des Hengstes hingen entspannt zur Seite und er stand auf drei Beinen. Er schien die Gesellschaft der Katze sogar ausgesprochen zu genießen.

Das ist ein kleines Wunder, stellte Cindy fest. Champion hat noch nie ein anderes Tier gemocht.

Das Kätzchen setzte sich auf Champions Rücken nieder und fing an, seine Pfoten zu putzen. „Ich glaube, ich weiß jetzt, wie ich dich nennen werde, kleines Kätzchen", sagte Cindy. „Best Pal, bester Freund."

Cindy trat in Champions Box und schloss die Tür. Mit dem Rücken zur Wand ließ sie sich zu Boden gleiten und grub ihre Stiefel tief ins Stroh. Cindy wusste, dass sie mit Champions Schrittarbeit anfangen sollte, doch sie wollte erst über Champions Problem mit anderen Rennpferden nachdenken. Sie und Aileen waren damit noch kein Stück weitergekommen. Ansonsten war Champion großartig in Form für die Lexington Stakes.

„Was soll ich machen?", murmelte Cindy. „Vielleicht ist es meine Schuld, dass du so bist, Champion. Ich habe dich zu sehr verwöhnt. Wenn du nicht so an mir hängen würdest, dann würdest du vielleicht andere Menschen und Tiere nicht so hassen."

Als Champion seinen Namen hörte, wanderte er vorsichtig zu ihr hinüber. Amüsiert bemerkte Cindy, dass er aufzupassen schien, die Katzenwäsche seines Gastes nicht zu stören.

„Glory und Stolz sind auch verwöhnt worden und sie waren große Rennpferde", fuhr sie fort, während Champion ihre Hände beschnupperte. „Sie haben ihr Bestes gegeben, weil sie so sehr geliebt wurden. Wie immer ist bei dir alles genau andersrum, Champion."

Der Hengst warf den Kopf hoch; er wirkte vollauf zufrieden mit sich.

„Da kommt Irrwisch", sagte Cindy. Glorys grauer Katzenfreund war auch ein Freund von Cindy. Er war auf die halbhohe Tür gesprungen und setzte gerade zum Sprung in die Box an. „Sei nicht so fies, Champion …"

Der Hengst hatte bereits die Ohren angelegt. Irrwisch fauchte, sprang aber trotzdem. Der gesprenkelte Kater marschierte entschlossen auf Cindy zu und stieg auf ihren Schoß. Cindy fuhr mit der Hand über den Rücken des Katers, ließ Champion aber nicht aus den Augen. Irrwisch machte einen Buckel und schnurrte. Champions Ohren stellten sich wieder auf.

„Ist es dir ernst damit?", fragte Cindy Champion. „Oder wirst du dich auf Irrwisch stürzen, sobald ich dir den Rücken zukehre?"

Cindy setzte Irrwisch neben Champion ins Stroh. Falls Champion sich aufregte, konnte sie den Kater sofort wieder schnappen. Das Pferd senkte den Kopf, um Irrwisch zu beschnuppern. Irrwisch erstarrte, und Cindy hielt die Luft an.

Doch der große Hengst stupste den Kater nur sanft an. „Okay, wir wollen es nicht übertreiben", sagte Cindy und streckte langsam die Hand nach Irrwisch aus. Doch bevor sie ihn hochheben konnte, strich Irrwisch schon schnurrend um Champions Bein. Champion stand entspannt da, als könne er sich nichts Schöneres vorstellen.

Warum hat Champion auf einmal nichts mehr gegen Irrwisch?, fragte sich Cindy und blickte von der Katze zum Pferd. Was passiert da? Aus heiterem Himmel mag er plötzlich Best Pal und auch Irrwisch ...

„Ich weiß, was es ist!" Langsam stand Cindy auf. Trotz ihrer Aufregung achtete sie darauf, die drei Tiere nicht zu stören. „Du hast gerade begriffen, dass ich Best Pal und Irrwisch mag, Champion", sagte sie. „Jetzt weißt du, dass sie in Ordnung sind. Damit du mit den anderen Rennpferden klarkommst, müssen Aileen und ich dich also bloß mit ihnen bekannt machen und dir zeigen, dass wir sie mögen ..."

Cindy sank wieder ins Stroh. „Das hört sich total bescheuert an", murmelte sie. Aileen, Mike und Ian würden sich so einem Plan niemals anschließen.

Cindy musste lächeln, als sie sich vorstellte, wie sie auf der Rennbahn zu Trainern, Besitzern und Jockeys ging und sagte: Guten Tag, ich bin Cindy. Kann ich mein Pferd mit Ihrem Pferd bekannt machen?

„Ich schätze, das wäre ganz schön albern", sagte sie laut. „Aber ich weiß, was ich machen könnte, Champion. Ich könnte dir hier auf Whitebrook einen Schnellkurs geben, wie man sich mit anderen Pferden verträgt. Wenn du dann im Rennen auf Secret Sign oder andere Pferde triffst, die du nicht magst, ist es vielleicht kein großes Problem mehr."

Cindy runzelte die Stirn. Ihr war klar, dass es ein Riesenunterschied war, ob Champion sich mit ein paar Katzen auf Whitebrook vertragen konnte oder ob er auf der Rennbahn einen Rivalen akzeptierte, der ihn bei einem Tempo von über 60 Stundenkilometern zu überholen versuchte. „Irgendetwas muss ich doch versuchen, oder, Junge?", fragte sie. „Aber zuerst muss ich sehen, wie ich Aileen meine Idee verkaufen kann."

Cindy hob Best Pal vorsichtig von Champions Rücken und sattelte den Hengst. Sie hatte kaum noch Zeit, bis der Schulbus kam, doch sie musste mit Aileen über Champion reden. Für seine Schrittarbeit blieb dann keine Zeit mehr, jemand anderes würde ihn reiten müssen. Champion würde das nicht gefallen – es sei denn, es war Aileen –, und Cindy drückte sich ungern vor ihren Pflichten. Vielleicht lassen mich Mom und Dad heute ausnahmsweise mal zu spät zur Schule kommen, dachte sie, während sie Champion die Stallgasse hinunterführte. Schließlich habe ich heute Geburtstag!

Cindy fand ihren Vater und Aileen im Stallbüro. Im Frühjahr gab es immer viel Arbeit auf dem Gestüt und sie wusste, dass beide schon vor Sonnenaufgang im Büro waren.

„Entschuldigt, dass ich euch störe", sagte sie zögernd. „Aber ich habe eine Idee, wie wir Champion dazu bringen können, sich mit anderen Pferden zu vertragen."

Aileen nahm die Finger von der Computertastatur und sah Cindy an. „Und welche?", fragte sie.

Cindy überlegte, wie sie ihren Plan am besten darlegen sollte. Er war ihr ja sogar selbst komisch vorgekommen. „Champion hat heute Morgen einen neuen Freund gefunden", sagte sie.

Ian lachte. „Wie schön für ihn. Entschuldige, Schatz – ich hör dir zu."

Champion zappelte herum und zerrte am Zügel. Er wollte wohl, dass Cindy endlich zur Sache kam, damit sie rausgehen konnten.

Cindy legte die Stirn in Falten und fing noch mal von vorne an. Wenigstens Aileen schien sie ernst zu nehmen. „Du weißt doch, Champion kann Katzen nicht ausstehen", sagte sie.

„Das stimmt", entgegnete Aileen. „Das habe ich bemerkt."

„Aber jetzt schon – er mag Irrwisch, und Champion und Best Pal scheinen sich regelrecht zu lieben", fuhr Cindy fort.

„Wer ist Best Pal?", fragte Ian lächelnd.

„Meine neue Katze." Cindy holte tief Luft und fuhr fort. Sie musste ihrem Vater und Aileen klar machen, was passiert war. „Champion hat plötzlich beschlossen, die beiden Katzen zu mögen, weil er gesehen hat, dass ich sie mag. Ich meine, Best Pal mag er wohl sowieso – sie haben sich heute Morgen auf Anhieb verstanden. Aber mit Irrwisch hat er sich nur vertragen, weil er gesehen hat, wie ich ihn gestreichelt habe."

„Schatz, das klingt ein bisschen verrückt", sagte Ian. „Ich will dich ja nicht beleidigen, aber was hat das bitte mit Champions Rennen zu tun?"

Cindy zögerte. „Na ja, ich habe gedacht, ich könnte versuchen, Champion mit Freedom anzufreunden. Mir ist auch klar, dass wir Champion nicht vor einem Rennen mit allen Pferden bekannt machen können. Aber wenn er sich mit den Pferden hier gut versteht, geht er vielleicht nicht mehr auf die Pferde auf der Rennbahn los. Er wird verstehen, dass wir das nicht wollen." Cindy sah ihren Vater und Aileen flehend an. Sie hoffte inständig, dass sie ihre Idee nicht gleich völlig verwerfen würden. Denn dann wüsste sie nicht mehr, was sie mit Champion noch machen sollte.

Ian sah skeptisch aus. „Ich glaube, Champion geht im Rennen auf andere Pferde los, weil sie ihm im Weg sind und er sehr kämpferisch ist, und nicht, weil er sie nicht mag."

Aileen nickte und Cindy verließ der Mut. Doch dann sagte Aileen: „Ich denke, du solltest es ausprobieren, Cindy. Aber wir müssen sehr vorsichtig sein. Der Schuss könnte nach hinten losgehen und Champions Abneigungen könnten sich noch verstärken."

Daran hatte Cindy nicht gedacht. „Ich bin vorsichtig", sagte sie. „Ich könnte sofort mit Freedom anfangen."

„Morgen", sagte Ian bestimmt. „Aileen wird Champion übernehmen. Du darfst die Schule nicht versäumen."

„Nur heute …", bettelte Cindy.

Ihr Vater schüttelte den Kopf. „Cindy, jeden Tag hast du irgendetwas Neues mit den Pferden vor, was so wichtig ist, dass du die Schule einfach versäumen musst. Die Antwort ist nein. Du hast noch sieben Minuten, bis der Schulbus abfährt."

„Hm, okay", sagte Cindy mit einem schweren Seufzer. Sie hatte die Antwort ihres Vaters schon vorher gekannt, doch es konnte nicht schaden, wenn er ein bisschen schlechtes Gewissen bekam.

Aileen lächelte Cindy an. „Ich wollte dich noch etwas fragen, bevor du gehst."

„Was?", fragte Cindy eifrig. Sie hörte an Aileens Stimme, dass es nur etwas Gutes sein konnte.

„Reitest du im Sommer Honor Bright?", sagte Aileen.

Cindys Herz raste vor Freude. Ihr Traum wurde wahr. „Nichts täte ich lieber!"

„Schön." Aileen nickte kurz. „Das wäre dann geklärt. Ich reite Black Stream und Sammy wird Lucky Chance trainieren."

„Wow!" In Cindys Kopf drehte sich alles. Ich werde Honor in Rennen reiten können, wenn sie zwei ist, dachte sie. Wir werden dann beide alt genug sein. Wie das wohl sein wird?

Cindy konnte ihr Glück kaum fassen. Ganz benommen verließ sie das Büro.

„Ach, Cindy?", rief Aileen.

Cindy steckte den Kopf wieder zur Bürotür herein. „Ja?"

„Herzlichen Glückwunsch zum Geburtstag", sagte Aileen.

Cindy strahlte. „Es ist der schönste, den ich je hatte – dank dir."

Kapitel 10

Früh am nächsten Morgen ging Cindy zum Trainingsstall hinunter. Sie hatte ihren Wecker auf eine Stunde früher gestellt, um mehr Zeit für Champion zu haben. Ian hatte Champion für langsame Galopparbeit eingetragen und außerdem wollte Cindy ihren Plan ausprobieren, Champion und Freedom einander näher zu bringen.

Möglicherweise brauche ich auch noch etwas Zeit, um Vic zu überreden, dass er mitspielt, dachte sie. Sie strich einige Strähnen ihres blonden Haares zurück, die sich aus ihrem Pferdeschwanz gelöst hatten. Cindy hatte noch nicht mit Vic über ihren Plan gesprochen, doch sie rechnete nicht damit, dass er ihm gefiel. Champion mochte Vic sogar noch weniger als Freedom.

Ich muss Vic nur klar machen, dass es heute anders sein wird, sagte Cindy sich und blickte nach oben. Der Himmel war bewölkt und es wehte ein kräftiger, nasskalter Wind. An Tagen wie diesem schien sich der Frühling wieder in den Winter zu verziehen. Aber heute ist vielleicht kein schlechter Tag für mein Experiment mit Champion, stellte sie fest. Champion kümmerte sich nicht besonders um das Wetter, solange die Bahn nicht zu schlammig wurde. Nach intensivem Training kam der Hengst zwar mit einer tiefen Bahn zurecht, doch es war nicht sein Lieblingsboden.

Cindy fing an zu rennen, teils, um dem Regen zu entkommen, teils, weil sie es kaum erwarten konnte, ihren Plan mit Champion auszuprobieren. Sie war gut gelaunt. Ihre Geburtstagsfeier am Vorabend war fantastisch gewesen. Cindy hatte von ihren Freunden noch mehr CDs bekommen und jetzt besaß sie die neueste CD von fast jeder angesagten Band im Land. Heather hatte ihr ein Video über das Training von Springpferden geschenkt. Cindy freute sich darauf, das Video anzusehen und mehr über eine andere Pferdesportart zu erfahren.

Nicht, dass ich Springpferde trainieren will, dachte sie, als sie die Stallgasse zu Champions Box hinunterging. Ich habe schon mit einem einzigen Vollblüter alle Hände voll zu tun!

Champion wartete in seiner Box auf sie. Der dichte Stirnschopf des tiefbraunen Fuchshengstes fiel fast in seine Augen, als er ungeduldig auf der Stelle tänzelte.

„Du kommst dir ja heute ganz schön wichtig vor", sagte Cindy lächelnd und fuhr mit der Hand durch seine üppige Mähne. „Du bist vielleicht noch kein großer Star, aber du benimmst dich auf jeden Fall schon wie einer." Cindys Partygäste hatten sich gestern geschlossen zu Champions Box aufgemacht, und Cindys Freunde hatten alle den schönen Hengst gestreichelt und bewundert. Champion hatte die Aufmerksamkeit natürlich genossen und gar nicht genug davon bekommen können.

Len schob eine Schubkarre an der Box vorbei. „Morgen, Cindy", sagte er.

„Morgen, Len." Cindy befestigte einen Führstrick an Champions Halfter. „Weißt du, wo Vic ist?"

„Er ist schon mit Freedom draußen", antwortete Len.

Cindy nickte. „Gut. Ich muss sie beide treffen."

„Aileen hat mir erzählt, was du mit Champion vorhast", sagte Len. Der ältere Mann zwinkerte. „Ich denke, du bist da auf dem richtigen Weg – Pferde sind viel schlauer und sensibler als die meisten Menschen ihnen zutrauen. Viel Glück."

„Danke." Cindy war dankbar für die Unterstützung. Sie wusste, dass ihr Vater ihrer Idee immer noch skeptisch gegenüberstand. Aileen schien eher neutral.

„Brauchst du Hilfe?", fragte Len.

„Ja, ich glaube schon", sagte Cindy zögernd. Nach ihrer Geburtstagsparty hatte sie lange im Bett wach gelegen und über ihren Plan mit Champion nachgedacht. Sie fand ihre Idee immer noch gut, doch sie wusste nicht, was alles schief gehen konnte. Len strahlte immer Ruhe aus und seine Anwesenheit würde mit Sicherheit helfen.

„In fünf Minuten an der Bahn", sagte Len und setzte seinen Weg fort.

„Danke." Schnell sattelte und trenste Cindy Champion auf und führte ihn aus dem Stall. Die Wolken waren noch tiefer gesunken und fegten als feiner Nebel über den Boden. Cindy konnte nicht einmal mehr die andere Seite der Bahn erkennen.

Ian, Mike und Aileen standen schon am Rail. Viele der Rennpferde mussten auf die Frühjahrsprüfungen vorbereitet werden.

Plötzlich tauchte Samantha mit Limitless Time aus dem Nebel auf. Cindy hielt Champion für einen Moment an und beobachtete, wie der braune Hengst über die Bahn flog. Sein Atem kam in schnellen, schnaubenden Stößen und seine Hufe donnerten über den feuchten Boden. Limitless Time jagte am Eingang vorbei. „Wow, er sieht gut aus!", rief Cindy. Sie fand, dass der Hengst seit seinem zaghaften Einstieg als Zweijähriger eindeutige Fortschritte gemacht hatte.

Beim Klang von Cindys Stimme drehten sich Ian und Mike um und lächelten. Sie halten mich für verrückt, wurde Cindy bewusst. Vielleicht bin ich das, aber ich werde es trotzdem ausprobieren!

Vic trabte mit Freedom aus dem Nebel heraus. „Hey, Vic!", rief Cindy.

Vic zügelte den Rapphengst am Eingang. „Was gibt's, Cindy?", fragte er.

„Ich brauche deine Hilfe bei einem Experiment", sagte Cindy.

„Wenn er daran beteiligt ist, habe ich bestimmt kein Interesse." Vic zeigte auf Champion.

Cindy sah den Hengst an. Champions Ohren hatten sich bereits etwas nach hinten bewegt, obwohl Freedom noch fast 20 Meter entfernt war.

Cindy spürte, wie sie der Mut verließ, doch so schnell wollte sie nicht aufgeben. Sie sah Len vom Trainingsstall heraufkommen. Jetzt war wenigstens einer auf ihrer Seite. „Bitte, Vic", flehte sie. „Ich will versuchen, Champion mit Freedom zu versöhnen. Ich brauche wirklich deine Hilfe. Wenn wir Champions Problem nicht lösen, können wir das Kentucky Derby vergessen. Und vielleicht Champions ganze Rennlaufbahn, denn wenn er weiterhin auf andere Pferde losgeht, wird es irgendwann zu einem Unfall kommen."

„Na gut", gab Vic nach. „Du weißt, dass ich Champion genauso gern im Derby sehen will wie wir alle. Lass nur Freedom und mich am Leben. Was soll ich tun?"

„Ich will zwei Sachen ausprobieren", sagte Cindy. Sie hatte sich das vorige Nacht genau überlegt. „Könntest du für einen Moment von Freedom absteigen?"

Vic saß ab und Cindy gab Len Champions Zügel. Dann nahm sie selbst Freedoms Zügel und stieg auf.

„Wo willst du hin?", fragte Vic. Er klang nicht besonders glücklich.

„Nur in einem kleinen Zirkel reiten." Cindy ritt Freedom fünf Minuten lang im Schritt und Trab im Zirkel, so dass Champion sie sehen konnte. Der gut ausgebildete schwarze Hengst folgte ruhig den Anweisungen seiner neuen Reiterin.

Cindy saß ab und lehnte sich an Freedoms Schulter. Dann rieb sie beide Seiten ihrer Hände an Freedoms Hals, übergab Vic die Zügel und ging zu Champion zurück. „Also gut, Champion", sagte sie. „Riech mal ordentlich daran."

Der Hengst senkte den edlen Kopf und spitzte die Ohren. Cindy ließ ihn gründlich ihre Hände beschnuppern und rieb dann seinen Hals. Champion reagierte überhaupt nicht auf Freedoms Geruch. „Jetzt probieren wir Teil zwei", sagte sie.

„Was ist das?", fragte Vic misstrauisch.

„Jetzt werden wir die beiden persönlich miteinander bekannt machen."

Vic stöhnte. „Sei vorsichtig, Cindy! Ich will nicht, dass dieser Teufel auch nur in die Nähe meines Hengstes kommt."

„Was hast du vor, Cindy?", fragte Len ruhig.

„Das Gleiche, was wir machen würden, wenn Champion vor einem Gegenstand scheuen würde – wir führen sie ganz langsam aneinander heran, bis Champion merkt, dass nichts passiert. Wie klingt das?" Cindy sah Len erwartungsvoll an.

Len nickte. „Versuchen wir's. Ich halte Champion und du nimmst Freedom."

Cindy wandte sich Vic zu. „Ist es okay, wenn ich Freedom halte? Champion kann wahrscheinlich nicht an einem Tag gleichzeitig seine Abneigung gegen Freedom und dich überwinden."

„Meinetwegen", murmelte Vic und trat zur Seite.

„Die Lektion ist einfach, denn das hier ist kein Rennen", sagte Len ruhig.

„Richtig." Für einen Augenblick geriet Cindys Zuversicht wieder ins Wanken. Aber ich weiß, wie Champion denkt, versicherte sie sich. Das würde wahrscheinlich bei keinem anderen Pferd funktionieren. Vielleicht funktioniert es auch bei ihm nicht, aber einen Versuch ist es wert.

„Immer nur ein paar Schritte auf einmal", wies Len sie an. „Bleib stehen, sobald einer der Hengste unruhig wird."

Langsam ging Cindy mit Freedom vorwärts. Er folgte willig ein paar Schritte, und Champion tat das Gleiche.

„So weit, so gut!", rief Cindy.

„Näher", entgegnete Len.

Cindy bewegte Freedom wieder nach vorn. Diesmal sträubte er sich. Er und Champion waren jetzt nur noch ungefähr sechs Meter auseinander und der Rappe wollte Champion offensichtlich nicht zu nahe kommen. Nach ein paar weiteren Schritten scheute Freedom zurück und stemmte die Hufe in den Boden.

Cindy sah, dass auch Champion unruhig wurde, doch er blieb nicht stehen. Mit jedem Schritt legten sich die Ohren des großen Hengstes flacher an den Kopf. Er will auf Freedom losgehen!, begriff sie in Panik. Ich hoffe, Len kann ihn halten.

„Cindy, das funktioniert nicht und wird nie funktionieren", wandte Vic flehend ein. „Außerdem fängt es an zu regnen."

„Warte, nur eine Sekunde …", bat Cindy. Ihre Worte wurden unterbrochen, als Champion einen Satz auf Freedom zu machte. Len riss schnell den Kopf des Hengstes herum und führte ihn im Kreis. Cindy wich mit Freedom ein paar Schritte zurück.

„Das war knapp", sagte Vic mit wackliger Stimme.

„Vielleicht sollten wir aufhören", sagte Len. „Beide Hengste regen sich auf. Und Champion muss heute Morgen noch galoppiert werden."

Das Benehmen des Hengstes hatte auch Cindy erschreckt und sie wollte Champion noch reiten. Doch sie war sicher, dass dies hier genauso wichtig war wie die Galopparbeit – vielleicht sogar entscheidender.

„Lasst es uns noch einmal probieren", sagte sie. „Ich mache es jetzt etwas anders: Ich stelle mich vor Freedom, statt an seine Seite. Das gefällt Champion vielleicht besser."

„Dem Pferd gefällt gar nichts, außer andere Pferde einzuschüchtern", sagte Vic.

Cindy ignorierte seine Bemerkung. Sie trat vor Freedom und führte den schwarzen Hengst entschlossen auf Champion zu.

„Cindy, sei vorsichtig", sagte Len ruhig. „Du bringst dich in Gefahr."

„Champion wird mir nichts tun." Cindy wusste, dass Len Angst hatte, Champion könnte sie überrennen, wenn er sich auf Freedom stürzte, doch sie war sicher, dass Champion das niemals tun würde.

Sie und Len führten die beiden Hengste bis auf ein paar Schritte aufeinander zu. Champion reckte seinen Hals, um Cindy zu erreichen.

„Siehst du? Es ist alles in Ordnung, mein Junge", sagte sie und rieb erst sein Maul, dann Freedoms. Champion spitzte die Ohren, dann blieb ein Ohr oben und das andere klappte nach hinten. Cindy konnte förmlich sehen, wie der Hengst überlegte. Schließlich kippten beide Ohren in eine entspannte Haltung.

„Ja! Wir haben es geschafft." Cindy trat vorsichtig nach vorne, um Champions Hals zu streicheln.

„Gut gemacht." Len nickte anerkennend.

Cindy hörte Aileen, Ian und Mike in einen kleinen Jubel ausbrechen. Sie war so auf die Pferde konzentriert gewesen, dass sie die Anwesenheit der drei Trainer völlig vergessen hatte. „Klasse, Cindy!", rief Aileen.

„Mir hat das keinen Spaß gemacht." Vic schüttelte den Kopf.

„Vielen Dank für deine Hilfe, Vic", sagte Cindy. Sie wusste, wie schwer es ihm gefallen sein musste, sein Lieblingspferd in Gefahr zu bringen.

„Bitte sehr." Vic seufzte. „Obwohl ich mir schon denken kann, dass du morgen wahrscheinlich mit meinem Teil der Lektion anfangen willst."

„Schon möglich!" Cindy grinste und schwang sich schnell in Champions Sattel. „Also los, mein Junge", sagte sie. „Bist du bereit für deinen Galopp? Wir müssen uns beeilen, bevor der Regen schlimmer wird."

Die frischen Tropfen brannten auf Cindys Gesicht, als sie den Hengst im Linkskurs um die Bahn ritt. Champions nasses Fell glänzte fast schwarz und die niedrigen, kohlengrauen Wolken, die über den Himmel trieben, ließen kaum Licht hindurch.

Champion rutschte ein wenig auf dem matschigen Boden aus und Cindy hielt die Luft an. „Vorsichtig, Junge", sagte sie.

Der Hengst fing sich wieder und lief weiter. Er schüttelte Regentropfen aus seiner Mähne. Cindy entspannte sich.

Morgen machen wir das Gleiche mit Freedom noch einmal, nur um sicherzugehen, dass Champion die Lektion verstanden hat, dachte sie. Dann lasse ich sie zusammen galoppieren. „So weit hat der Plan perfekt funktioniert", sagte sie laut. „Jetzt müssen wir nur noch sehen, was bei einem Rennen passiert."

Kapitel 11

Kurz vor dem Start am 21. April, dem Tag der Lexington Stakes, fuhr Cindy mit einem Tuch über Champions dichtes dunkles Fell. Ich bin froh, dass Champions letztes Rennen vor dem Kentucky Derby nicht weit von zu Hause stattfindet, dachte sie. Champion war vor drei Tagen auf die Keeneland-Rennbahn gebracht worden, doch Cindy hatte ihn jeden Tag besuchen können, ohne die Schule zu versäumen.

Champion drehte den Kopf zwischen den Anbindestricken herum, um sie zärtlich anzustupsen. „Du scheinst nicht so aufgedreht zu sein wie normalerweise an Renntagen", sagte sie und tätschelte seine Nüstern. Cindy hoffte, dass die Extraportion Zuwendung, die sie ihm in den vergangenen Tagen gegeben hatte, ihn zufriedener und entspannter gemacht hatte. „Ich glaube, es tut uns beiden gut, wenn ich viel bei dir bin", sagte sie.

Champion nickte energisch mit dem Kopf, als stimmte er ihr da vollkommen zu.

Len kam die Stallgasse hinunter, in der Hand einen Führzügel. „Ist unser Champion fertig?", fragte er zwinkernd.

„Fast." Cindy lächelte zurück, doch sie spürte schon die Schmetterlinge in ihrem Bauch flattern, wie immer vor einem Rennen.

Das Feld in diesem Rennen ist nicht ohne, aber Champion sollte damit klarkommen, rief sie sich ins Bewusstsein, während sie die letzten Quadratzentimeter von Champions Schulter auf Hochglanz polierte. Ich glaube, Champion hat seine Probleme mit anderen Pferden jetzt wirklich überwunden.

In den vergangenen Wochen hatte Cindy Champion oft mit Freedom und anderen Whitebrook-Pferden zusammen trainiert. Das erste Mal mit Freedom war ziemlich nervenaufreibend gewesen. Doch Champion hatte sich vorbildlich benommen, selbst als Freedom ihn ein wenig ans Rail gedrängt hatte.

Die Lexington Stakes waren ein gutes Rennen für Champions Comeback. In diesem Jahr hatten es die meisten Derbyanwärter ausgelassen, so auch Sky Beauty und Secret Sign. Cindy hoffte, dass Champion damit ein leichteres Rennen haben würde. Sie hatte immer noch Bedenken, ihn so kurz vor dem Derby noch in einem anderen Rennen starten zu lassen.

Cindy ließ das Tuch in Champions Putzkiste fallen. „Alles klar", sagte sie zu Len. „Ich bin fertig."

„Er sieht gut aus." Len klopfte Champions Hals und löste die Anbindestricke links und rechts.

„Ja, nicht wahr?" Cindy bewunderte den Hengst, während Len ihn aus dem Stall führte. Der Tag im späten Frühling war sonnig und warm und die Zweige der hohen Bäume auf der Rennbahn hingen herunter wie Wasserfälle aus frischen, hellgrünen Blättern. Cindy konnte sich keinen schöneren Tag für die Rennbahn vorstellen.

Champion reckte den Hals, um die anderen Pferde auf dem Gelände zu sehen. Er spitzte die Ohren und schnaubte ein wenig. An dem eiligen, energischen Schritt des Hengstes erkannte Cindy, dass er wusste, was ihm bevorstand, und dass er es kaum erwarten konnte.

Das ist gut, dachte sie. Dieses Rennen ist wichtig. Wenn Champion hier nicht gewinnt, würden Mike, Ian und Aileen ihn bestimmt nicht im Derby starten lassen.

Champion stand ruhig auf dem Sattelplatz, während Len ihn aufsattelte. Dann führten Len und Ian ihn zusammen mit dem Rest des Feldes um den Führring. Cindy ging zu Aileen und Mike, die an der gegenüberliegenden Seite des Führrings standen.

„Was hältst du von der Konkurrenz?", fragte Cindy Aileen.

Aileen kniff ihre braunen Augen nachdenklich zusammen. „Es sind nur sechs Pferde im Feld – also wird es nicht so furchtbar eng werden. Aber einige gute Pferde sind dabei. Sunshine Kiss und Monday Morning haben beide in diesem Winter Preisrennen in Santa Anita gewonnen. Sie könnten beide Anwärter fürs Derby sein, wenn ihnen heute ein Überraschungscoup gelingt."

Cindy wusste, auf wessen Kosten diese Überraschung gehen würde. Trotz Champions Niederlage im Florida Derby ging Champion als hoher Favorit ins Lexington-Rennen.

Cindy sah einen Schatten über Aileens Gesicht huschen. „Was ist los?", fragte sie.

„Ach, nichts." Aileen lächelte schwach. „Mir ist auch nicht ganz wohl dabei, Champion so kurz vorm Derby starten zu lassen. Aber ich will noch einen Sieg in der Tasche haben."

„Duke's Devil sieht gut aus", bemerkte Cindy. Der Rapphengst war an der gegenüberliegenden Seite des Führrings und ließ sich ruhig von einem Pfleger führen. „Ich glaube, Champion wird ihn in Frieden lassen, was meinst du?"

„Ich weiß es nicht, Cindy. Wir erwarten ziemlich viel von Champion." Aileen schüttelte den Kopf. „Er ist ein kluges Pferd, aber er ist nur ein Pferd. Ich weiß nicht, ob wir verlangen können, dass er jetzt keine anderen Pferde mehr anfeindet, nur weil er sich mit seinem alten Feind Freedom vertragen hat."

Ich denke, Champion ist so klug, aber ich weiß nicht, ob ich es heute beweisen kann, dachte Cindy. Champion schien seine Abneigung gegen Duke's Devil überwunden zu haben – im Fountain of Youth hatte er sich nicht an ihm gestört. „Ich schätze, wir werden es wissen, wenn Champion gegen Secret Sign läuft", sagte sie.

„Secret Sign ist im Derby dabei, wenn er nicht verletzt ist", bemerkte Mike.

„Ich weiß." Cindy überlegte bereits, was sie tun konnte, damit Champion sich auf den Churchill Downs nicht mit Secret Sign anlegte. Sie war sicher, dass Champion seine Abneigung gegen den anderen Hengst nicht vergessen hatte – Champion hatte ein unheimlich gutes Gedächtnis.

„Da kommt ja unser Junge", sagte Aileen zärtlich, als Len und Ian den Hengst herüberführten.

Champion antwortete mit einem kurzen Wiehern. Cindy wusste, dass außer ihr selbst Aileen Champions Lieblingsmensch war.

Aileen sprang mit Mikes Hilfe in den Sattel. Cindy rieb kräftig Champions Schulter. „Du weißt, was du zu tun hast, Junge", sagte sie. „Keine krummen Touren."

Champion ließ den Kopf in ihre Hände sinken und seufzte, als empörte ihn, was er da hörte. Dann riss er schnaubend den Kopf hoch.

„Okay, wir gehen ja schon." Aileen berührte mit der Peitsche ihre Kappe. „Bis gleich."

„Gib gut auf ihn Acht", warnte Mike sie. „Er ist in der Startmaschine neben Duke's Devil."

Aileen nahm die Zügel auf. „Alles klar."

Von der Tribüne aus verfolgte Cindy ungeduldig die Parade auf dem Geläuf. Sie konnte es kaum erwarten, dass das Rennen begann. Zum ersten Mal konnte ihr die Parade, bei der das Publikum eine letzte Gelegenheit hatte, sich die Pferde anzusehen, nicht viel über den Verlauf des Rennens verraten. Die meisten Pferde im Feld für das Lexington-Rennen kamen von der Westküste und Cindy wusste nichts über ihre Renntaktik. Sie hatte gehört, dass Sunshine Kiss, ein Fuchshengst, bei seinem letzten Rennen in Santa Anita das Feld von hinten überrannt und gewonnen hatte. Doch ihr blieb nichts anderes übrig als abzuwarten und zuzusehen, was die restlichen Pferde zu bieten hatten.

„Die Lexington Stakes gehen nur über eine und eine sechzehntel Meile, also hat Champion weniger Zeit, sich Ärger einzuhandeln", sagte Mike. „Wenn er so was vorhat."

Cindy runzelte die Stirn. Das Kentucky Derby geht über eine und eine Viertelmeile, dachte sie. Das klingt so, als denkt Mike immer noch, dass Champion vielleicht nicht mit der längeren Strecke zurechtkommt.

Beth sah Cindy an und zog die Augenbrauen hoch. Cindy merkte, dass sie den gleichen Gedanken hatte.

Vermutlich würde Champions heutige Leistung darüber entscheiden, ob Ian und Mike ihn im Derby starten ließen. Cindy lehnte sich vorn und betete, der Hengst möge sein Bestes geben und kein Pech haben.

Die Pferde bezogen die Startmaschine. Erleichtert sah Cindy, dass Champion Duke's Devil in Ruhe ließ, obwohl die beiden Pferde in die Stände eins und zwei einrückten.

„Irgendwie bin ich sogar froh, dass Duke's Devil hier ist", sagte Cindy zu Samantha. „Wenn Champion sich wieder nicht mit ihm anlegt, lässt er vielleicht im Derby auch Secret Sign in Ruhe."

„Ich hoffe wirklich, dass Champion das Problem hinter sich hat", sagte Samantha leise.

„Ich auch." Cindy blickte wieder auf das Geläuf. Champion braucht jetzt wirklich einen Sieg, begriff sie.

„Die Pferde sind in die Startboxen eingerückt!", rief der Kommentator. Cindy hielt den Atem an, während sie die sechs Hengste beobachtete, die in ihren engen Startständen von einem Bein aufs andere traten. Sekunden später schrillte das Startsignal in die Stille hinein. Sechs zu allem entschlossene Vollblüter stürzten aus der Startmaschine und wirbelten sofort eine Mauer aus Staub in die Luft.

„Champion ist gut gestartet", sagte Ian aufgeregt. „Er geht an die Spitze!"

„Großartig – dann sitzt er nicht hinter anderen Pferden fest." Cindy blickte gespannt durch ihr Fernglas, als das Feld durch den ersten Bogen lief. Ihr war klar, dass Champion die Führung über eine lange Strecke halten musste. Die Pferde mussten eine volle Runde um den eine und eine Sechzehntelmeile langen Kurs absolvieren. Die Pferde, die im Hinterfeld lauerten, würden erst kurz vor dem Ziel angreifen.

„Wunders Champion führt eine Länge vor Sunshine Kiss; Monday Morning liegt an dritter Stelle und Star Crossed an vierter; Night Watch ohne freie Passage auf dem fünften Platz, und Duke's Devil bildet das Schlusslicht!", rief der Rennbahnsprecher.

Die Pferde stürmten in die Gegengerade. Langsam aber stetig verlängerte Champion seine Führung vor Sunshine Kiss auf zwei Längen. „Hat Aileen ihn gehen lassen oder macht er das von alleine?", rief Mike über den wachsenden Lärm der Menge.

„In jedem Fall ein kluger Zug", sagte Samantha.

Cindy entspannte sich ein klein wenig. Champion lief schön, mit langen und flüssigen Galoppsprüngen. Er musste das nur bis zum Ziel durchhalten.

„Champion ist das einzige echte Speedpferd im Rennen", sagte Ian. „Und die Bahn ist heute gut für Speed."

„Duke's Devil hat einen starken Schlussspurt", dämpfte Mike.

„Aber Champion hat ihn im Fountain of Youth geschlagen!" Cindy stellte schnell ihr Fernglas scharf. Champion fegte in den entfernten Bogen, immer noch mit zwei Längen in Führung.

„Jetzt werden wir sehen, was die Pferde machen, die von hinten kommen", sagte Ian. Seine Stimme war ruhig, doch Cindy sah, wie sich sein Gesicht anspannte.

An der Drei-Achtel-Marke griffen Sunshine Kiss, Monday Morning und Duke's Devil an und kamen an Champion heran; die drei liefen jetzt in einer Reihe nebeneinander und kämpften um die Führung.

Cindy fasste Beths Hand. „Halt durch, Champion!", schrie sie. „Bitte!"

Der dunkle Fuchshengst schien genau zu wissen, was zu tun war. Sein Galopp wurde flacher, die Sprünge länger und seine langen Beine verschlangen den Boden immer schneller. In Sekunden hatte Champion die Angreifer mühelos abgeschüttelt. „Ja, gut so!", rief Cindy, während sie auf die Füße sprang. „Ja! Weiter so, Junge!"

„Wunders Champion hat noch massig Reserven!", rief der Kommentator. „Er führt mit vier Längen – er läuft unangefochten ins Ziel ein!"

Champion galoppierte auf das Ziel zu. Sein Kopf war hoch erhoben, Mähne und Schweif flatterten hinter ihm her, als er durch die letzte Achtelmeile jagte.

„Er ist wieder der Alte", schrie Cindy, hin- und hergerissen zwischen Lachen und Weinen vor Glück. „Er hat absolut überlegen gesiegt!"

Samantha umarmte sie. „Das ist wunderbar!"

Cindy konnte nicht aufhören zu strahlen, als sie hinunter zum Siegerring gingen. An der Bahn fielen bereits die Reporter über Aileen her. Champion tänzelte aufgeregt herum und rammte mit seinem Hinterteil fast die Zuschauer. Cindy schnappte sich schnell die Zügel.

Der Hengst hörte für einen Moment auf herumzuzappeln, um sein Maul in ihre Hände zu drücken. Dann ging er wieder in die Luft, schlug mit dem Kopf und sprang auf den Vorderhufen auf und ab. Cindys Arme fingen an zu schmerzen, während sie krampfhaft versuchte, ihn ruhig zu halten. „Mensch, beruhig dich endlich mal", schimpfte sie mit neckender Stimme. „Du bist ein fantastisches Pferd – das brauchst du mir nicht immer wieder zu sagen."

„Sieh ihn dir an", sagte Samantha lachend. „Glaubst du nicht, er weiß das?"

„Ich habe heute wirklich nicht viel von Champion verlangt", erklärte Aileen den Reportern. „Er hat einfach getan, was er tun musste – und vor allem, was er tun sollte."

„Er ist ein sauberes, ehrliches Rennen gelaufen", stimmte Ian zu.

Und wie, dachte Cindy voller Stolz. Jetzt können wir wieder nach vorne schauen! Bei dem Gedanken an Champions nächstes Rennen lief ihr allerdings eine Gänsehaut über die Arme. Dieser Sieg hatte entschieden, welches Rennen das sein würde. In weniger als zwei Wochen würde Champion in der größten Prüfung des Galoppsports starten – im Kentucky Derby.

* * * * *

Drei Tage vor dem Derby stand Cindy nervös im Kentucky-Derby-Museum neben der Rennbahn von Churchill Downs und wartete auf die Ziehung der Startboxnummern für das Rennen. Der Raum war voll mit Trainern und Besitzern, darunter Aileen, Mike, Ian und Samantha.

„Wenn sie doch nur endlich mit der Ziehung anfangen würden", flüsterte Heather. „Ich halte die Spannung nicht mehr aus." Cindy hatte Heather gefragt, ob sie mit ihr zur Ziehung kommen wollte und anschließend zu einer Rennpferdeauktion im Sports Spectrum, einem Rennsportzentrum, das ein paar Kilometer von der Rennbahn entfernt lag.

„Sie ziehen die erste Nummer." Cindy beobachtete, wie der Rennsekretär einen Zettel aus einer Kiste zog.

„Wunders Champion!", las er vor. „Champion bekommt als Erster seine Position zugewiesen!", sagte Cindy aufgeregt. Ein zweiter Rennfunktionär hatte aus einem Glasgefäß ein Holztäfelchen mit einer Nummer gezogen. „Das ist Champions Startposition."

„Nummer eins!", sagte der Mann.

„Cindy, ist das zu glauben?", rief Samantha. „Was für eine tolle Position!"

Cindy grinste, als ihr ein riesiger Stein vom Herzen fiel. Dieses Jahr waren 14 Pferde für das Derby genannt. Das Rennen war schon hart genug, ohne dass sich Pferd und Reiter zwischen zehn oder zwölf anderen Pferden hindurchkämpfen mussten, um das Rail zu erreichen. Während die Ziehung weiterging, sah sie die enttäuschten Gesichter von anderen Besitzern und Trainern, deren Pferde auf den äußeren Positionen landeten.

„Können wir jetzt zur Pferdeauktion gehen?", fragte Heather.

„Warte, ich will noch wissen, welche Positionen die übrigen Pferde bekommen", sagte Cindy.

„Secret Sign – Nummer drei", sagte der Funktionär. Secret Signs Trainer und Besitzer nickten sich zu.

„Oh oh." Cindy verzog das Gesicht. Die Position war gut für Secret Sign, doch sie hatte gehofft, dass Champion und Secret Sign weit voneinander entfernt starten würden. Stattdessen würden sie jetzt fast Nachbarn sein.

„Die Ziehung ist vorbei", sagte Aileen, als sie zu den Mädchen hinüberging. „Gehen wir zur Auktion."

„Klingt gut." Cindy warf ihr einen prüfenden Blick zu. Sie fragte sich, was Aileen von der Ziehung hielt. Aileen wirkte fröhlich und unbekümmert. Sie schien keine Bedenken wegen Secret Sign zu haben. Doch Cindy machte sich einfach Sorgen.

„Kopf hoch, Cindy – Champion hat doch eine richtig gute Position gezogen, nicht?", sagte Heather auf dem Weg zum Auto.

„Ich weiß." Cindy seufzte. „Aber es fällt schwer, nicht darüber nachzudenken, wie Champion und Secret Sign im Rennen aufeinander reagieren werden. Na ja, ich kann wahrscheinlich nicht verlangen, dass alles perfekt ist."

„Versuch es mal für eine Weile zu vergessen", sagte Heather. „Freu dich doch – wir gehen zu einer Auktion, und vielleicht kauft ihr ein Pferd!"

„Ja, vielleicht." Bei dem Gedanken daran hellte sich Cindys Gesicht ein wenig auf. „Normalerweise kaufen wir nicht bei dieser Auktion. Aber Mike, Dad und Aileen meinen, wir könnten vielleicht ein Schnäppchen machen – ein preiswertes Pferd, das sie zu einem Sieger ausbilden können."

Auf dem Weg zur Auktion spürte Cindy, wie ihre Aufregung doch wuchs. Sie fragte sich, ob sie wohl ein Pferd kaufen würden, und wenn ja, was für eins.

„Verguck dich nicht in eins der Pferde, Cindy", sagte Ian, als er den Wagen auf den Parkplatz lenkte. „Ich habe den Katalog durchgesehen und ich werde mir ein paar der Pferde ansehen. Aber wir haben uns noch nicht entschieden zu kaufen."

„Ich mag Auktionen, auf denen wir kaufen und nicht verkaufen", sagte Cindy, während sie zum Auktionsgelände gingen. „Ich finde es furchtbar, wenn Whitebrook-Pferde verkauft werden."

„Das gehört leider zum Pferdegeschäft dazu", bemerkte Aileen. „Sonst wäre Whitebrook so voll mit Pferden, dass wir sie noch bei uns ins Wohnzimmer stellen müssten."

Cindy lächelte. „Ich weiß, ich weiß."

Aileen lächelte zurück. „Das klingt schon mal nicht schlecht."

„Klingt es denn schlecht, dass Champion und Secret Sign im Derby so nah nebeneinander starten?", fragte Cindy.

Aileen zuckte die Achseln. „Es ist einfach Glück oder Pech, nicht gut oder schlecht. Die Nummern sind gezogen, und wir müssen uns damit abfinden."

„Vielleicht müssten wir dafür sorgen, dass sich Champion und Secret Sign vor dem Rennen kennen lernen", sagte Cindy. Ich wette, das ist nicht Aileens Ding, dachte sie.

Aileen schüttelte den Kopf. „Cindy, das ist einfach unprofessionell. Außerdem, wie in aller Welt sollten wir das mit Champion vor jedem Rennen anstellen? Wir wissen noch nicht mal, welche Pferde ihm vielleicht nicht in den Kram passen. Wir können nur hoffen, dass er ganz allgemein gelernt hat, andere Pferde in Frieden zu lassen – und dass ich ihm beim Derby im Griff habe."

Cindy nickte. Dagegen konnte sie wirklich nichts einwenden. Aber ich denke, Champion hat seine Lektion gelernt, tröstete sie sich, als sie zu dem ersten Pferd auf Ians Liste gingen. Ein Pferdepfleger brachte den Hengst gerade in seine Box zurück, nachdem er ihn einem anderen Interessenten gezeigt hatte.

Cindy konnte die Augen nicht von dem prächtigen Rapphengst reißen. Sein Exterieur schien perfekt: korrekte Beine, gute Stellung der Fesseln; eine breite, kraftvolle Brust und ein perfekter Winkel der Schulter. Sein Fell sah so dicht und weich aus wie schwarzer Samt. Außer einem kleinen Stern hatte er keine Abzeichen.

Doch was Cindy am meisten fesselte, war der Blick des Hengstes. Seine Augen waren so schwarz wie sein Fell und wirkten ungeheuer traurig.

„Das ist das schwärzeste Pferd, das ich je gesehen habe", flüsterte Heather.

„Er ist wunderschön", murmelte Cindy. „Warum soll er hier verkauft werden? Wahrscheinlich, weil er schon älter ist."

„All diese Pferde sind älter", sagte Ian. „Sie sind drei oder älter, also werde ich hier keinen Sieger fürs Breeders' Cup Juvenile oder Derby finden. Aber über ältere Pferde weiß man schon mehr. Black Reason ist früher Rennen gegangen, aber er wurde verkauft, als seine Besitzer eine Knochenabsplitterung am Vorderfußwurzelgelenk entdeckt hatten. Soweit ich weiß, ist er jetzt wieder ganz gesund, nachdem man den Splitter arthroskopisch entfernt hat."

Cindy wusste, dass eine Arthroskopie oder Gelenkspiegelung ein medizinisches Verfahren war, mit dessen Hilfe man Knochenverletzungen bei Pferden behandeln konnte. Durch einen kleinen Hautschnitt wurde ein Instrument mit einer Minikamera eingeführt. Der Tierarzt konnte die Operation auf einem Bildschirm verfolgen, während er mit dem Instrument Knochenteile entfernte. Nach so einem Eingriff erholten sich die Pferde viel schneller als nach einer normalen Operation.

„Können wir ihn bitte mal ansehen?", fragte Aileen den Pfleger.

Der Pfleger nickte. Im Schritt führte er den Rappen vor dem Stall auf und ab.

Cindy sah sich die Beine des Pferdes genau an. Weder auf der Haut noch an seinem Gang konnte sie ein Anzeichen der Verletzung entdecken.

„Sehr schön", bemerkte Aileen. „Vielen Dank", sagte sie zu dem Pferdepfleger.

„Wir schauen mal, wie viel für ihn geboten wird", sagte Ian, als sie den Rappen verließen.

Cindy drehte sich nach Black Reason um. Der Blick des Hengstes folgte ihnen. Er sieht so traurig aus, dachte sie. Man kann erkennen, dass er viel durchgemacht hat. Ihr Herz zog sich zusammen.

„Wenn wir dich kaufen, werde ich dich immer gut behandeln", versprach sie.

Ian und Aileen sahen sich noch ein paar andere Pferde an, aber Cindy war von ihnen nicht annähernd so beeindruckt wie von Black Reason. Eine Stute hatte eine leicht zehenweite Stellung der Hufe und ein anderer Hengst ein geschwollenes Sprunggelenk.

Cindy nahm auf der Tribüne Platz und sah an Samantha vorbei zu Ian und Aileen. „Also, was haltet ihr von Black Reason?", fragte sie.

„Er hat eine hervorragende Abstammung, zumindest väterlicherseits", bemerkte Aileen.

„Vielleicht war er bisher wegen des Knochensplitters nicht so erfolgreich", sagte Ian.

Das klingt ja, als wollten sie ihn kaufen! Cindy und Heather warfen sich hoffnungsvolle Blicke zu.

Während die ersten Pferde dem Publikum vorgeführt und versteigert wurden, überlegte Cindy, wie es wohl sein würde, wieder ein älteres Pferd zu trainieren. Glory war auch drei Jahre alt gewesen, als sie ihn gefunden hatte, doch er war von seinem früheren Trainer schrecklich misshandelt worden. Black Reason hat vielleicht ein paar schlechte Angewohnheiten, dachte sie, aber er hat wahrscheinlich keine Angst vor der Rennbahn oder vor Menschen, so wie Glory am Anfang.

„Da kommt Black Reason", sagte Heather. Der Rapphengst folgte gehorsam einem Pfleger.

Cindy setzte sich gerade auf und warf ihrem Vater und Aileen einen schnellen Blick zu. Sie warteten gelassen auf das erste Gebot. Cindy wusste, dass sie wahrscheinlich nicht direkt mitbieten würden.

Der Rappe stand ganz still da und starrte ins Publikum. „Er sucht dich, Cindy." Heather kicherte.

„Ja, klar." Die ersten Gebote für den schwarzen Hengst fielen Schlag auf Schlag. Cindy merkte, dass Black Reason nicht nur auf sie Eindruck gemacht hatte.

„30.000 sind geboten", sagte der Auktionator. „Wer bietet 31?"

Ian hob sein Programmheft. „31.000 sind geboten", fuhr der Auktionator fort. „31.000 zum Ersten …"

„Ihr habt ihn!", sagte Heather. „Mensch, Cindy!"

„Das Bieten ist erst vorbei, wenn der Auktionator mit seinem Hammer zuschlägt." Doch auch Cindys Begeisterung wuchs.

„32.000 sind geboten!", sagte der Auktionator plötzlich.

Cindy und Heather sahen sich bestürzt an. Cindy blickte schnell zu ihrem Vater, um zu sehen, ob er überbieten wollte.

Ian runzelte die Stirn und beugte sich dann zu Aileen, um sich mit ihr zu beraten.

Bitte, kauf Black Reason, betete Cindy. Sie war überzeugt, dass der Rappe nach Whitebrook kommen musste. Er wirkte so lieb und sensibel und schien so sehr ein gutes Zuhause zu brauchen.

Ian hob sein Programm. „32.500 sind geboten", sagte der Auktionator.

„Ja!", flüsterte Cindy und rutschte nach vorn auf die Stuhlkante. Würde der andere Käufer sein Gebot erhöhen?

„Zum Ersten, zum Zweiten ... verkauft an den Käufer Nummer 53", sagte der Auktionator.

„Er gehört uns. Wir können ihn holen!" Cindy ging als Erste von der Tribüne. „Das ist ja toll!" Sie überlegte schon, wie sie Aileen fragen sollte, ob sie ihn reiten durfte.

„Wir haben Glück gehabt", sagte Aileen. „Das war ein japanischer Käufer, der gegen uns geboten hat – die können oft sehr hoch gehen."

„Da ist er!" Cindy lief zur Box des Hengstes. Black Reason bewegte sich nervös in der Box hin und her und blieb ab und zu stehen, um zur Tür hinauszusehen. Er ist aufgeregt, weil er an einem fremden Ort ist, umgeben von fremden Menschen, dachte Cindy mitfühlend.

Black Reason erblickte Cindy und wieherte leise. „Ich erinnere mich auch an dich", sagte Cindy und trat zum Kopf des Pferdes. „Jetzt wird alles gut."

Sie half Aileen, den Hengst festzuhalten, während Ian die Formalitäten erledigte. Black Reason beschnupperte vorsichtig Cindy Hände. Seine Ohren waren immer noch steil aufgerichtet, doch die Spannung wich langsam aus seinem Körper.

„Ja, von jetzt an wirst du es gut haben", sagte Cindy und streichelte sanft seinen Hals. „Ich weiß, manche glauben, deine Rennkarriere sei schon vorbei. Aber ich denke, sie fängt gerade erst an."

Kapitel 12

Am Morgen des Derbys auf den Churchill Downs ging Cindy zum Whitebrook-Stall und ließ den Blick über die bunte Menge schweifen. Auf der Rennbahn wimmelte es nur so von erstklassigen Vollblütern. Wo Cindy auch hinsah, überall folgten prächtige Braune, Füchse, Schimmel und Rappen ihren Pflegern und Trainern. Die Leute waren genauso vornehm und herausgeputzt wie die Pferde. Viele der Frauen trugen ausladende, wippende Hüte und lange, fließende Sommerkleider. Die Männer bevorzugten Sakko und Krawatte.

Cindy schluckte ihren Übermut hinunter, sonst hätte sie angefangen, sich wie ein kleines Kind zu benehmen. Doch eigentlich wollte sie vor Freude Luftsprünge machen. Sie liebte es, Teil dieser schönen, fröhlichen Gesellschaft zu sein.

Auch das Wetter war perfekt – klar und sonnig, aber nicht zu heiß. Cindy streckte die Arme aus und genoss die Wärme auf der Haut. „Ich glaube, alle sind im Derbyfieber", sagte sie zu Beth, die Kevin auf dem Arm trug. Der kleine Junge wand sich und wollte hinunter. Christina sah sich das Rennen mit ihren Großeltern an.

Beth lächelte. „Ich bestimmt. Kommst du dir nicht vor wie in einem Film, Cindy? Wir haben das Rennen so oft im Fernsehen und auf Video gesehen – ich kann kaum glauben, dass wir jetzt wirklich hier sind."

Cindy wusste, was Beth meinte. Whitebrook hatte keinen Derbystarter mehr gehabt seit den großen Tagen von Wunders Stolz vor sechs Jahren. Das war gewesen, bevor Cindy nach Whitebrook kam. „Es ist wunderbar, hier zu sein", sagte sie.

Aus dem Whitebrook-Stall hörte Cindy ein lautes, vertrautes Wiehern. „Champion, was ist in dich gefahren?", rief sie und eilte zur Box des Hengstes. Ausgerechnet heute durfte er sich wirklich nicht aufregen.

Der tiefbraune Hengst steckte den Kopf über die halbhohe Boxentür und stemmte sich dagegen. Deutlicher hätte er sich nicht ausdrücken können: Ich will hier raus.

„Ich wollte ihn gerade ein bisschen grasen lassen", sagte Len, der ihr entgegenkam. „Seit heute früh ist er so unruhig und wälzt sich hin und her. Dass er sich in seiner Box verkeilt, wäre das Letzte, was wir jetzt brauchen."

Cindy nickte, während sie bereits nach einem Führzügel griff. Sie wusste, dass Pferde sich manchmal unglücklich einklemmten, wenn sie sich in der Box wälzten. Beim Versuch, wieder auf die Beine zu kommen, konnten sie sich verletzen. „Du willst dahin, wo etwas los ist, nicht wahr, mein Junge?", fragte sie.

Champion nickte heftig mit dem Kopf, das bedeutete: Endlich versteht mich jemand.

„Wir haben einen langen Tag vor uns", sagte Len mit einem Lächeln. „Wir müssen ihn den ganzen Vormittag und den größten Teil des Nachmittags bis zum Derby bei Laune halten."

Cindy lächelte. Bei Lens Worten lief ihr eine wohlige Gänsehaut über den ganzen Körper. „Ich kümmere mich um Champion", sagte sie. „Ich werde ihn keine Minute allein lassen. Wir amüsieren uns schon."

Sie blieb den ganzen Tag bei dem Hengst und nahm sich nicht einmal die Zeit, die anderen Rennen anzusehen. Beth brachte ihr mittags etwas zu essen, doch Cindy stocherte nur kurz in ihrem Hamburger herum. Sie war viel zu aufgeregt, um etwas herunterzukriegen.

„Heute ist wirklich ein großer Tag für dich", sagte sie zu Champion, als sie ihn zum dritten Mal an diesem Nachmittag ausgiebig putzte. „Ich weiß nicht, ob dir klar ist, wie groß. Von 360 Kandidaten für die Triple Crown starten ganze 14 – und du bist einer von ihnen. Das ist immer noch ein großes Feld, aber es ist eine gewaltige Ehre, überhaupt als Starter fürs Derby ausgewählt zu werden."

Champions Ohren spielten, während er zuhörte. Er liebte es, geputzt zu werden, und unter Cindys langen, entspannenden Strichen mit der Kardätsche schloss der Hengst fast die Augen. Die Aussicht eines Derbyrennens schien ihn nicht im Geringsten einzuschüchtern.

Eine Stunde später kam Aileen in den Stall. „Ich ziehe mich jetzt um", sagte sie. „Es ist bald so weit."

Champion schlug wiederholt mit dem Kopf und wich tänzelnd zur Seite. Plötzlich war er aufgewacht. „Ich glaube, er weiß, was los ist", sagte Cindy.

„Das denke ich auch." Aileen nickte. „Und das ist gut so, denn er muss absolut auf Draht sein. Das wird ein harter Kampf werden. Sky Beauty geht als Favoritin ins Rennen und Champion und Secret Sign sind mit gleicher Quote auf Platz zwei."

Cindys Hände zitterten leicht, als sie das Putzzeug in die Kiste fallen ließ. Champion streitet sich vielleicht mit Secret Sign, aber ich bin sicher, dass er schneller rennen kann, dachte sie. Ich mache mir mehr Sorgen wegen Sky Beauty. Die kraftvolle braune Stute hatte sechs ihrer letzten acht Rennen gewonnen und war nicht ein einziges Mal unplatziert geblieben. Und sie hatte Champion im Florida Derby geschlagen.

„Bringen wir ihn zum Sattelplatz", sagte Len.

Cindy nickte knapp und entschlossen. Das war jetzt der falsche Zeitpunkt, die Nerven zu verlieren. „Also gut, Champion", sagte sie und löste die Anbindestricke. „Es ist so weit."

Champion versuchte, aus dem Stall zu stürmen, und Cindy musste kräftig am Führzügel ziehen, damit er auf sie hörte. „Gleich geht's los – es dauert nicht mehr lang", versicherte sie ihm. Champion liebt es zu laufen, rief sie sich ins Bewusstsein. Er musste bloß wissen, dass es jetzt nur darum ging und nicht um die Jagd auf andere Pferde.

„Len, glaubst du, dass Champion Sky Beauty schlagen kann?", fragte sie, als sie den Hengst zum Sattelplatz führten.

„Ich denke schon", entgegnete Len. „Nancy Keegan, die Sky Beauty reitet, ist ein echter Profi. Sie hat die Probleme, die wir mit Champion hatten, richtig zu nutzen gewusst. Aber wenn unser Hengst ein sauberes Rennen läuft, glaube ich, dass er gewinnen kann."

Cindy drehte sich nach Champion um, der ihr in einem leichtfüßigen, elastischen Schritt folgte. Von den kleinen, wohlgeformten Ohren bis zum strahlenden Weiß seiner seidigen Stiefel war er so schön, dass es ihr im Herzen wehtat. „Champion, ich denke, du wirst heute siegen", sagte sie zu ihm.

Ian war schon auf dem Sattelplatz. „Also, drehen wir ein paar Runden, Len", sagte er. Cindy trat zurück, als die beiden Männer Champion in den Führring führten. Die meisten Pferde wurden nur von einer Person geführt, doch nach dem ganzen Ärger, den sie im letzten Jahr mit Champion im Führring gehabt hatten, fühlte sich Ian mit einem zweiten Mann wohler.

Samantha gesellte sich zu Cindy und zusammen sahen sie sich die Parade der erstklassigen Pferde im Führring an. „Da kommt Sky Beauty", murmelte Cindy. Die muskulöse braune Stute schritt selbstsicher hinter ihrem Pfleger her.

„Sie ist eine Kämpferin", bemerkte Samantha. „Da ist Aileen. Mal sehen, ob sie noch was zum Rennen zu sagen hat."

Ian und Len brachten Champion zu Aileen hinüber, und sie saß sofort auf, um schnell auf das Geläuf zu kommen. Es gehörte zu Whitebrooks Strategie für das Derby, Champion so weit wie möglich von den anderen Pferden fern zu halten.

„Bring ihn sofort an die Spitze, wenn du kannst", sagte Ian. „Das ist die Position, an der er am liebsten läuft, und dort hältst du ihn aus Schwierigkeiten raus – hoffen wir."

„Alles klar." Aileen lächelte Cindy kurz an und wendete Champion zum Tunnel. „Wir laufen für Wunder", sagte sie.

Cindy nickte und spürte einen Kloß im Hals. Sie streckte die Hand aus, um ein letztes Mal die Nüstern des Hengstes zu streicheln. Champion hatte einen weiten Weg zurückgelegt, bis er heute hier war. Cindy dachte zurück an das streitlustige Fohlen, das Champion gewesen war. Talentiert, aber eigenwillig, hatte er sie jeden Tag aufs Neue auf die Probe gestellt. Doch sie hatte nie den Glauben an ihn verloren. Mit dem Start im Kentucky Derby wurde dieser Glaube heute belohnt. Ganz gleich, was passiert, ich bin stolz auf ihn, dachte sie.

Champion stieß sie leicht mit dem Maul an, als wollte er sie daran erinnern, dass sie ein unschlagbares Team waren.

Cindy hielt blinzelnd die Tränen zurück. „Zeig's ihnen, Champion", sagte sie fest. „Wenn dieser Tag vorbei ist, wird Whitebrook drei Derbysieger haben."

„Das ist die richtige Einstellung", pflichtete Samantha ihr bei.

Der Hengst marschierte auf den Tunnel zu, den Kopf hoch erhoben. Sky Beauty folgte ihm mit Nancy Keegan im Sattel, dann kamen Secret Sign und Shawn Biermont.

Nancy Keegan warf den Whitebrook-Leuten einen Blick zu. Cindy wusste, dass die junge dunkelhaarige Amazone gerade anfing, sich auf der Rennbahn von Churchill Downs einen Namen zu machen.

Wahrscheinlich hofft sie, dass wir heute wieder Schwierigkeiten mit Champion haben und ihr die Sache leicht machen, dachte Cindy. Tja, das tut uns Leid!

Bei der Parade und beim Aufgalopp hielt Aileen Champion in sicherer Entfernung von den anderen Pferden. Cindy wusste, dass das Feld selbst für ein Kentucky Derby ungewöhnlich stark war. King Louie, ein französischer Schimmel, hatte mehrere große Rennen in Europa und eines in diesem Winter in Gulfstream gewonnen. Also sollte er keine Probleme mit dem amerikanischen Klima oder amerikanischen Rennbahnen haben, dachte sie. Greek Mystery, ein kleiner Fuchs, war gerade erst aus Kalifornien eingetroffen. Er liebte Bahnen, auf denen sein Speed voll zur Geltung kam, und die Bahn in Churchill Downs hatte schon den ganzen Tag Speedpferde begünstigt. Die anderen Derbystarter waren ebenso qualifiziert.

Champion ist der Beste, sagte Cindy sich zuversichtlich, während sie zur Tribüne ging. Cindy war überzeugt, dass er nach seinen Erfolgen in der Bonusserie im vorigen Jahr und seinen Siegen im Fountain of Youth und den Lexington Stakes mindestens ebenso hierher gehörte wie die anderen Pferde.

Cindy nahm auf der Tribüne Platz und blickte auf die Bahn. Champion hüpfte ein wenig und zerrte ein paar Mal an den Zügeln, doch er schien größtenteils zu tun, was Aileen von ihm wollte. „Bis jetzt wirkt er etwas aufgedreht, aber nicht außer Kontrolle", sagte Cindy.

„Ich hoffe, Champion macht keinen Unsinn." Mike fuhr sich mit den Händen durch die blonden Haare. „In gewisser Weise ist er der abenteuerlichste Außenseiter, den Whitebrook je ins Derby geschickt hat."

„Das ist damals auch über Wunder gesagt worden", sagte Ian. „Ich kann mich gut an die Geschichte erinnern. Und erinnere dich, wie das Derby ausgegangen ist."

„Das ist wahr", stimmte Mike zu.

Cindy warf ihrem Vater einen dankbaren Blick zu und wandte ihre Aufmerksamkeit dann wieder der Bahn zu. Champion hatte gerade den Stand Nummer eins bezogen. Er schien geduldig darauf zu warten, dass die anderen Pferde es ihm gleichtaten. Aileen rieb seinen Hals.

Die anderen Pferde bezogen ohne Probleme ihre Startboxen. Cindy holte tief Luft, als das 14. Pferd, das letzte im Feld, in die Startmaschine geführt wurde. Jetzt ist es so weit, dachte sie.

Cindy wollte nicht den Absprung aus der Startmaschine verpassen, doch für einen Moment riss sie die Augen vom Geläuf und blickte sich um. Sie wollte jede Sekunde dieses großen Tages verinnerlichen. Cindy versuchte, sich einzuprägen, wie die Sonne den Innenbereich beschien, wo Tausende von Zuschauern feierten, und wie der blumengeschmückte Siegerring aussah. In wenigen Minuten würde der Sieger des Kentucky Derby in diesem Ring stehen und die Rosendecke empfangen. Cindy blickte zurück zur Startmaschine.

Nach einer letzten Sekunde gespannter Stille ertönte das Startsignal. Die Klappen sprangen auf und entluden die mühsam in Zaum gehaltene Energie von 14 Vollblütern auf die Bahn. Das Kentucky Derby hatte begonnen!

Champion sprang sauber aus der Startbox ab. Mit langen, schnellen Galoppsprüngen kam der Hengst in Fahrt. Doch bestürzt sah Cindy, dass Sky Beauty einen noch besseren Start erwischt hatte. Sky Beautys Jockey lenkte die Stute sofort zum Rail und schnitt Champions Spur. Sie lag bereits in Führung und strich dicht am Rail entlang.

„Guter Start für die Stute", sagte Ian knapp.

Oh nein! Cindy rutschte auf die Sitzkante. Sky Beauty hatte Champion im Florida Derby geschlagen, obwohl Champion sofort nach vorne gegangen war. Jetzt sah es so aus, als hätte Sky Beauty sich schon den ersten – und vielleicht endgültigen – Vorsprung gesichert. Unsere ganze Renntaktik ist schon jetzt über den Haufen geworfen!, dachte sie.

„Sky Beauty liegt in Führung; zwei Längen dahinter Wunders Champion!", rief der Kommentator. „Auf dem dritten Platz Secret Sign; so geht das Feld in den ersten Bogen. Vier Längen dahinter Greek Mystery, gefolgt von King Louie an vierter Stelle ..."

Im nächsten Moment schob sich Secret Sign an Champions Außenseite nach vorn.

„Was macht Shawn da?", schrie Cindy. „Ich dachte, Secret würde immer von hinten rauskommen!"

„Er will Secret an zweiter Position halten", sagte Mike. Er klang nervös. „Shawn will vermeiden, dass der Vorsprung von Champion und Sky Beauty zu groß wird."

Cindy starrte auf die Bahn und wagte kaum zu atmen. Sie hatte trotz allem gehofft, dass Secret Sign und Champion nicht so dicht beieinander laufen würden – zumindest nicht so bald. Jetzt sah es danach aus, als würden sie das ganze Rennen Kopf an Kopf laufen. Das wird ein harter Kampf, dachte sie. Sky Beauty läuft fantastisch – sie braucht vielleicht gar keinen Ärger zwischen den Hengsten, um zu gewinnen. Champion muss einfach so schnell rennen, wie er kann! Als das Feld in die Gegengerade lief, griff Cindy ihr Fernglas und versuchte zu erkennen, ob die Hengste einander in die Quere kamen.

Die Hengste ließen einander in Frieden, doch jetzt sah Cindy ein neues Problem. Champion und Secret Sign forcierten dicht hinter Sky Beauty das Tempo. „Sie lassen sie nicht in Ruhe!", sagte Cindy bestürzt. „Sind sie nicht zu schnell, Dad?"

Ian nickte, ohne die Augen vom Geläuf zu nehmen. „Ja, aber Aileen kann Champion nicht mehr zurückhalten. Er wird schon unzufrieden."

„Sieht aus, als hätte Shawn mit Secret Sign das gleiche Problem", sagte Mike.

„Das Feld geht in den Bogen und Sky Beauty behauptet immer noch die Führung!", rief der Rennbahnsprecher. „Wunders Champion hält den hart umkämpften zweiten Platz, dicht vor Secret Sign an dritter Stelle. Unglaublich schnelle Zeiten hier, meine Damen und Herren. 46 Sekunden auf die halbe Meile."

Cindy biss sich besorgt auf die Lippe. Champion war kräftig und schnell, aber sie hatte keine Ahnung, ob er dieses Tempo bis zum Ziel durchhalten konnte. Und er führte nicht einmal. Er musste noch mehr Speed ins Rennen werfen!

Champion galoppierte leicht und flüssig, fast spielerisch, als die Pferde in die Zielgerade donnerten. Er machte sich lang, aber ohne übermäßige Kraftanstrengung, und seine dunkle Mähne und sein Schweif wehten hinter ihm her. Der Hengst strich am Rail entlang und schien Secret Sign überhaupt nicht zu beachten.

Cindy spürte die Hoffnung in sich aufsteigen. Ich denke, er hat seine Lektion gelernt und lässt andere Pferde in Ruhe, dachte sie. Jetzt können wir nur noch hoffen, dass er die Kraft und Energie hat, um zu siegen!

„Sky Beauty kann das die letzte Achtelmeile vielleicht nicht mehr durchhalten!", rief Ian. „Sie ist nicht trainiert für diese Distanz."

„Sie sieht ziemlich stark aus!" Cindy stöhnte. Die Zeit lief Champion davon. Es sah aus, als würde Sky Beauty das Derby mit einem Start-Ziel-Durchmarsch gewinnen!

Dann sah Cindy, dass Sky Beauty müde wurde. Ihr brauner Hals war dunkel vor Schweiß. Die tapfere Stute warf ihr ganzes Herz ins Rennen, doch sie driftete leicht vom Rail weg nach außen und versperrte Champion und Secret Sign die Spur.

„Jetzt, Aileen!", schrie Cindy. „Geh durch!"

Plötzlich ergriff Aileen ihre Chance. Doch Shawn Biermont hatte die Lücke ebenfalls gesehen. Beide Hengste stürzten sich auf die winzige Lücke am Rail.

„Sie können beide noch einen Spurt einlegen", keuchte Cindy. Aber Champion war den Bruchteil einer Sekunde schneller! Er zwängte sich durch die Lücke vor ihm. Im letztmöglichen Moment musste Shawn Secret Sign hart abbremsen. Champions Galoppsprünge katapultierten den Hengst regelrecht in die Luft, bis er kaum noch den Boden zu berühren schien. Er war jetzt frei und jagte hinter Sky Beauty her, in idealer Angriffsposition für die Führung im Kentucky Derby!

Sky Beauty war weniger als eine Länge vor ihm. Champion schob sich an die Flanke der Stute heran. Seine Ohren legten sich nach hinten.

Was will er jetzt, Sky Beauty oder die Führung?, fragte sich Cindy verzweifelt. „Lauf, Champion", schrie sie. „Gib alles, was du hast!"

Die Nase des Hengstes zeigte nach vorn. Er hatte sich für den Sieg entschieden!

„Wunders Champion liebt es, andere Pferde zu jagen, aber heute hat er etwas anderes im Sinn!", rief der Kommentator. „Und sie sind auf der letzten Achtelmeile!"

Champion rückte immer dichter zu Sky Beauty auf. Die Stute legte die Ohren flach an, als Champion sich an ihre Schulter heranschob. Sky Beauty war völlig erschöpft, aber sie wollte lieber sterben, als sich geschlagen zu geben!

„Das ist ein Kopf-an-Kopf-Finish; es sind nur noch Sekunden bis zum Ziel!", rief der Kommentator.

Cindy sah, wie Nancy Keegan den Hals ihrer Stute verzweifelt knetete, um sie anzutreiben. Sky Beautys ganzer Körper war schwarz vor Schweiß, doch sie reagierte mit einem letzten tapferen Schub nach vorn.

„Sky Beauty hat die Nase vorn!", schrie der Kommentator. „Aber Wunders Champion gibt nicht auf ... Griffen fordert ihn nochmal ... und er geht in Führung! Da ist das Ziel! Wunders Champion gewinnt!"

Cindys Knie waren weich wie Butter. Im letzten Augenblick vor dem Zielpfosten hatte Champion seinen Turbo angeworfen, diese zusätzliche Beschleunigung, die kein Pferd schlagen konnte. „Er hatte noch mehr drauf", sagte sie. Tränen des Glücks liefen ihr übers Gesicht. „Es hat noch nie ein Pferd wie ihn gegeben!"

„Er ist der Beste, mein Schatz." Beth umarmte sie. „Du hast so hart hierfür gekämpft."

Cindy lächelte und wischte sich die Tränen aus dem Gesicht. „Gehen wir zu ihm!"

Den Siegerring nahm Cindy nur noch verschwommen wahr. Sie hielt zusammen mit ihrem Vater und Aileen den tänzelnden, zufriedenen Hengst und lächelte in die Kameras, wenn die Reporter ihr etwas zuriefen. Champion trug eine Decke aus wunderschönen roten Rosen, doch statt die Blumen zu bewundern, wollte er sie fressen. Cindy konnte kaum seinen Kopf für die Kameras still halten.

Plötzlich fiel Cindys Blick auf einen Reporter, der am Rand der Menge stand. Das ist der Typ, der uns letzten Sommer ausgelacht hat, als ich gesagt habe, Champion gewinnt das Kentucky Derby!, erinnerte sie sich.

Champion hatte es geschafft, eine Rose aus seiner Decke zu rupfen.

„Champion, nein", sagte Aileen und grinste, als sie nach der Rose griff. Der Hengst wich zurück und schüttelte verspielt die Blume, als wären sie auf seiner Koppel und nicht umringt von Hunderten von Menschen.

Cindy schnappte sich die Rose und hielt sie an ihre Wange. Wer lacht jetzt?, dachte sie glücklich.

* * * * *

„Champion ist ein richtiger Star", sagte Mandy. Drei Tage nach dem Kentucky Derby war sie nach Whitebrook gekommen, um Cindy zu besuchen. Mandy seufzte. „Ich wünschte, ich hätte auch so ein Starpferd."

„Du springst doch mit eins von Tors Pferden, nicht?", fragte Cindy. Sie lehnte sich zurück auf der kleinen Terrasse vor dem Cottage ihrer Familie und legte den Kopf in den Nacken, um sich die Sonne ins Gesicht scheinen zu lassen. Was für ein wunderbarer Tag, dachte sie. Aber jeder Tag ist wunderbar, seit Champion das Derby gewonnen hat!

Wo sie hinsah, tummelten sich auf den Koppeln die prächtigen Vollblüter und machten sich begeistert über das dichte Blaugras und den Klee her. Ganz hinten auf einer der Hengstkoppeln konnte Cindy Glorys elegante graue Gestalt ausmachen und auf der vorderen Koppel tobte Glorys Joy, eine dunkle Miniaturausgabe ihres Vaters, mit den neun anderen Fohlen herum. Kevin und Christina spielten im Sandkasten im Garten, und ihr Geschrei klang hell durch die warme Nachmittagsluft. Es ist wirklich schön, zu Hause zu sein, dachte Cindy.

„Ja, Tennessee Cider ist eins von Tors besten Pferden." Mandy kratzte mit einem Stock auf dem Boden herum. „Tor lässt mich mit ihm schon über 1,20 Meter springen. Ich mag Cider, aber es ist nicht so wie ein eigenes Pferd."

„Ich weiß, was du meinst." Manchmal empfand Cindy das Gleiche bei Champion. Sie ritt ihn im Training und versorgte ihn im Stall, aber Aileen ritt ihn in den Rennen. Aber jetzt ist Champion Derbysieger und gehört der ganzen Welt!, dachte Cindy. Sie lächelte.

„Ich suche immer noch nach meinem Traumpferd", sagte Mandy. „Ich weiß genau, dass es irgendwo da draußen ist."

„Meins auch." Cindy stand auf und streckte sich. Sie hielt das Nichtstun nie lange aus. „Champion ist auf der Rennbahn, aber er kommt im Winter nach Hause. Ich habe etwas, worauf ich mich freuen kann."

„Ich werde im Winter wahrscheinlich in einer Schneewehe stecken bleiben auf der Suche nach meinem Pferd", murmelte Mandy.

„Lass uns die Fohlen besuchen", schlug Cindy vor. „Es hat in letzter Zeit so viel geregnet, dass ich seit Tagen nicht mit ihnen spielen konnte." Mandy macht mich noch wahnsinnig mit ihrem Gerede über ihr Traumpferd!, dachte sie. Sie wird nie ein Pferd finden, das ihr gut genug ist. Mandys Maßstäbe sind so hoch, ich glaube, sie sucht ein Einhorn.

Mandys Gesicht hellte sich sofort auf. „Ja, ich würde furchtbar gern mit den Kleinen spielen!" Sie verzog das Gesicht, als sie aufstand.

„Was ist los?", fragte Cindy.

„Ach, nichts." Mandy zuckte die Achseln. „Meine Beine tun weh, wenn ich zu lange gesessen habe."

„Ist das immer so?", fragte Cindy betroffen.

„Ja, schätze schon." Mandy ging bereits auf die Fohlenkoppel zu; sie humpelte leicht.

Puh, das ist hart!, dachte Cindy. Aber Mandy scheint damit klarzukommen.

Alle Fohlen auf der vorderen Koppel erstarrten, als die Mädchen sich näherten. Manche standen dicht bei ihren Müttern. Einige standen allein über die Weide verteilt und hoben mit langen, gespreizten Beinen den Kopf aus dem Gras. Eine kleine Gruppe hatte aufgehört, über das smaragdgrüne Gras zu tollen, und starrte Cindy und Mandy entgegen. Cindy lächelte, als sie in die vertrauensvollen, fragenden dunklen Augen der Fohlen sah.

Glorys Joy war bei der Gruppe von Fohlen, die gerade herumgetobt hatten. Sie legte den Kopf auf die Seite und blickte die Mädchen an. Sie schien zu überlegen, wer wohl die lustigeren Spielkameraden seien, die anderen Fohlen oder die Menschen.

„Komm her, meine Kleine", lockte Cindy und streckte die Hand aus.

Joy spitzte die Ohren und schritt dann selbstbewusst vorwärts. Sie spielte mit den Lippen an Cindys Hand. Cindy liebte das Gefühl des weichen, kitzelnden Mauls des Pferdekindes auf der Haut.

„Das tut richtig gut", sagte Mandy strahlend. Die anderen Fohlen hatten sie inzwischen umringt und bettelten um ihre Aufmerksamkeit. Sie stupsten sie mit dem Maul an und drängelten sich um die besten Plätze. Mandy streichelte immer zwei auf einmal und arbeitete sich so durch den Kreis.

„Ich schätze, sie wissen, dass Joy mein Liebling ist, also belagern sie dich." Cindy hatte ein schlechtes Gewissen. Aber sie konnte einfach nicht aufhören, mit den Händen über Joys dichtes, seidiges Fell zu streichen oder das perfekt gebaute, fast schwarze Pferdekind zu bewundern.

Das Fohlen stieß einen Laut aus, halb Seufzen, halb Wiehern. Auch Cindy seufzte. Joy wird bestimmt genau so ein lieber, sanfter Schimmel wie Storm, dachte sie. Ich hoffe, du wirst es auf der Rennbahn zu etwas bringen. Champion, mit seinem selbstbewussten Charakter und seinem Faible fürs Rampenlicht, schien wie gemacht für das Leben auf der Rennbahn.

„Ich wünschte, ich wäre wieder bei Champion", sagte Cindy zu Mandy. Das jüngere Mädchen war so klein, dass Cindy es zwischen den Fohlen kaum erkennen konnte. Die jungen Pferde waren bereits höher als Cindy. „Der Druck des Derbys ist vorbei – aber Champion hat immer noch zwei Triple-Crown-Rennen vor sich", fügte sie hinzu.

„Du wirst in einer Woche oder so wieder bei ihm sein", sagte Mandy. „Solange wird er es aushalten." Sie lachte, als Zero's Flight, einer der mutigeren kleinen Hengste, sie zwischen den Fohlen fast umstieß. „Das hier tut wirklich ziemlich gut."

* * * * *

„Wir haben eine Überraschung für dich, Cindy", sagte Max am Samstagabend vier Tage später geheimnisvoll. Cindy, Max, Heather und Doug waren gerade aus Samanthas Auto gestiegen und gingen zur Schulsporthalle, wo heute der große Abschlussball zum Ende des Schuljahres stattfand, den sie mitorganisiert hatten.

„Was für eine Überraschung – mehr Regen?", fragte Cindy, während sie durch die dicken Tropfen lief und versuchte, unter Max' Schirm zu bleiben. Sie warf einen Blick nach oben. Dunkle, schwere Wolken jagten über den Himmel und im Schein der Straßenlaternen peitschte der Regen schräg durch die Luft. Nach wochenlangen Unwettern stand schon die ganze Ostküste fast unter Wasser.

Cindy hoffte nur, dass es bald aufhörte zu regnen, damit der Boden bis zum Preakness-Rennen am nächsten Samstag noch trocknen konnte. Wenn nicht, würde Champion im tiefen Schlamm laufen müssen und sie hatte keine Ahnung, wie er damit zurechtkam.

„Was wir uns ausgedacht haben, ist sogar noch besser als mehr Regen", flachste Heather. „Warte, bis du's gesehen hast."

An der Sporthalle, geschützt vor dem strömenden Regen, blieb Cindy stehen, um wieder zu Atem zu kommen. Sie versuchte, ihre Haare glatt zu streichen.

„Na, toll", sagte sie. „Wie gut, dass wir uns zwei Stunden lang die Haare gemacht haben, Heather. Und mein Kleid hat ein Tupfenmuster." Cindy hatte viel Zeit damit verbracht, ihr Kleid auszusuchen. Ihr war auch nichts anderes übrig geblieben, denn Heather hatte jeden Laden im Einkaufszentrum auf den Kopf gestellt, um das perfekte Outfit für sich zu finden.

Cindy musste zugeben, dass all der Aufwand nicht umsonst gewesen war. Sie trug ein leuchtend blaues gemustertes Sommerkleid mit einer kleinen passenden Jacke und marineblaue Espadrilles. Max hatte ihr bereits zweimal gesagt, wie gut sie aussah.

„Keine Sorge – die Farbe ist wasserfest", sagte Heather grinsend.

Cindy überlegte, ob sie richtig gehört hatte. „Wie bitte? Heather, hat der Regen schon deine Frisur und deinen Kopf aufgeweicht?"

Heather lachte. „Nicht dein Kleid, guck mal hoch."

Cindy sah nach oben – vor Staunen fiel ihr die Kinnlade runter. Über dem Eingang zur Sporthalle hing ein riesiges Transparent: Viel Glück, Champion – unserem nächsten Triple-Crown-Sieger! Eine detailgetreue, lebensechte Zeichnung unter dem Schriftzug zeigte ein Rennpferd – einen dunklen Fuchs, der auf einer Rennbahn dem Ziel entgegenjagte. Über der Bahn stand in weißen Buchstaben „Belmont".

„Wow!", stieß Cindy hervor. „Irgendwie weiß ich einfach, dass du etwas damit zu tun hast, Heather. Nicht, dass ich deine Schrift oder Zeichnung oder so erkennen würde."

„Wir haben alle damit zu tun." Max grinste.

„Gehen wir rein", sagte Doug. „Das ist ja erst der Anfang der Show."

Cindy trat in die Sporthalle und schlug die Hände vors Gesicht. Der riesige Raum war über und über mit blauen, weißen und braunen Papierschlangen und Luftballons geschmückt. Überall hingen Transparente. Mit großen, staunenden Augen las Cindy ein paar davon: „Cindys Champion", „Aileens Wunder – die Mutter der Champions", „Wunders Champion – Pferd des Jahres".

In der Mitte des Büffettisches prangte eine mit dickem Zuckerguss überzogene, einen Meter lange Schokoladentorte. „Ist das nicht die größte Torte, die ihr je gesehen habt?", fragte Doug. „Sie ist für die ganze neunte Klasse."

„Weil wir alle dich und Champion anfeuern", sagte Heather.

„Das ist einfach ... ihr seid so ...", stammelte Cindy. Sie konnte es nicht fassen, wie viel Mühe sich ihre Freunde gemacht hatten und wie sehr sie alle hinter ihr standen.

„Du weißt natürlich, warum der Raum in Braun, Blau und Weiß geschmückt ist", sagte Heather, während sie die noch ganz benommene Cindy zum Büffettisch dirigierte.

„Nein", sagte Cindy, als sie sich wieder gefangen hatte. Max reichte ihr einen Becher mit Bowle.

„Weil Blau und Weiß Whitebrooks Rennfarben sind und Champion dunkelbraun ist, Dummerchen", antwortete Heather lachend. „Ich dachte, jeder wüsste das."

Laura, Sharon, Melissa und einige andere von Cindys Freunden umringten sie. „Viel Glück für das Preakness, Cindy", sagte Melissa. „Wie ist Champion drauf?"

„Er kann es kaum erwarten." Cindy lächelte. Champion war schon vor ein paar Tagen zur Pimlico-Rennbahn in Maryland gebracht worden, wo das Preakness stattfand. Nur zwei Wochen lagen zwischen Kentucky Derby und Preakness-Rennen und Aileen, Mike und Ian hatten Champion so schnell wie möglich zur Rennbahn in Maryland bringen wollen, um mit der Vorbereitung zu beginnen.

Aileen hatte am Abend zuvor angerufen und Cindy versichert, dass es dem Hengst gut ging. Aileens einzige Sorge war das Wetter. Wegen des fast ununterbrochenen Regens hatten sie Champions Training einschränken müssen. Doch Cindy war klar, dass die anderen Starter im Preakness mit denselben widrigen Bedingungen zu kämpfen hatten.

„Wir drücken dir die Daumen, Cindy", sagte Melissa ernst. „Das ist für uns alle aufregend. Champion ist schließlich ein Kentucky-Pferd."

„Gehst du denn zum Preakness?", fragte Cindy. „Wenn ja, sehen wir uns dort vielleicht." Melissa fuhr mit ihrer Familie oft zu den größeren Rennen.

Melissa nickte. „Wir fahren am Freitag. Wir haben aber kein Pferd am Start."

„He, nimm mich mit zum Preakness", scherzte Laura. „Oder Chelsea – sie brennt darauf, wieder ein Pferd zu sehen, nur irgendein Pferd."

„Sie kann bald wieder nach Whitebrook kommen", sagte Cindy. „Wenn die Schule vorbei ist, habe ich wieder mehr Zeit." Cindy war so sehr mit Champion und ihren täglichen Pflichten beschäftigt gewesen, dass sie nicht so viel Zeit für Chelsea gehabt hatte, wie sie eigentlich wollte. Seit ihrem Tombolaritt war Chelsea noch zweimal auf Whitebrook gewesen.

„He, das ist ein Ball, schon vergessen?", sagte Max. „Warum stehen wir hier noch rum?"

„War das eine Aufforderung zum Tanz?" Cindy lächelte.

Max tat so, als überlege er. „Ja, ich glaube schon."

Er gab ihr seine Hand und sie betraten die Tanzfläche. Eine Band aus der Umgebung spielte einige von Cindys Lieblingsstücken. Bald wirbelte Max sie in einer temperamentvollen Variante des Twostep übers Parkett und Cindy lachte ausgelassen. Max war ein hervorragender Tänzer und Cindy fiel auf, dass viele der Mädchen ihn beobachteten. Einige fragten, ob sie abklatschen durften, und Cindy überließ ihnen nur unwillig ihren Tanzpartner.

Nach ein paar schnelleren Tänzen begann die Band, ein langsames Stück zu spielen, und die Lichter wurden abgedämpft. Max verließ Laura und ging zu Cindy hinüber, die am Rand der Tanzfläche wartete.

„Wollen wir tanzen?", fragte er. Glühend vor Aufregung nickte Cindy. Seit dem letzten Ball machte ihr auch das langsame Tanzen mit Max Spaß. Ich glaube, ich fühle mich inzwischen viel wohler und unbefangener mit Max, sagte sie sich.

Cindy zögerte kurz und trat dann näher an Max heran. Er legte die Arme um sie und langsam bewegten sie sich im Takt der Musik. Cindy spürte, wie sich ein Lächeln auf ihre Lippen stahl, und sie seufzte leise und zufrieden. Wir tanzen sehr gut zusammen, dachte sie.

„Gefällt dir deine Party?", fragte Max.

„Sie ist wundervoll", sagte Cindy aufrichtig. „Ihr habt euch so viel Mühe gegeben."

„Nur zu schade, dass der andere Ehrengast nicht hier sein kann ... Champion, meine ich", bemerkte Max.

„Ich werde ihm alles haarklein erzählen, wenn ich ihn nächste Woche sehe", versprach Cindy. Sie ließ sich im Rhythmus der Musik treiben.

Ich komme mir vor wie in einem Traum, dachte sie und lächelte hoch in Max' grüne Augen. Aber es ist kein Traum – es ist einfach der schönste Abend, den ich je erlebt habe.

Kapitel 13

Eine Woche später, am Samstag des Preakness-Rennens, begleitete Cindy Champion und Len im strömenden Regen zum Sattelplatz. Ihr Wunsch, dass der Regen aufhören möge, hatte sich nicht erfüllt – im Gegenteil. Die ganze Woche über war ein Unwetter nach dem anderen über der Ostküste niedergegangen, und die Pimlico-Rennbahn war als tief eingestuft. Cindy war klar, dass sich am Zustand der Bahn bis zum Rennen nichts mehr ändern würde.

„Len, ich habe solche Angst, dass Champion da draußen eine Menge Schwierigkeiten haben wird", sagte Cindy leise.

„Er hat keine Angst." Len legte seine wettergegerbte Hand auf Champions Hals und sie gingen weiter.

Cindys Laune hob sich, als sie den Hengst betrachtete. Champion stolzierte mit erhobenem Kopf und platschte durch die Pfützen, als seien sie nicht vorhanden. Als Schutz vor dem Regen trug er eine blauweiße Decke, unter dem nassen Stoff zeichneten sich seine kräftigen Muskeln nur noch deutlicher ab. Vor fünf Tagen hatte Champion einen traumhaften Trainingslauf über eine Dreiviertelmeile absolviert. „Du rechnest heute nicht mit Schwierigkeiten, nicht wahr?", fragte sie zärtlich.

Champion platschte fröhlich durch die nächste Pfütze und spritzte das kalte Nass in Cindys Stiefel. Sie verzog das Gesicht. Das Wetter ist der reine Horror, dachte sie. Das letzte Mal, als Champion auf tiefem Boden gelaufen ist, hat er verloren – in den Kentucky Cup Juvenile Stakes letzten Herbst. Sie wusste auch, dass Stolz das Preakness auf einer tiefen Bahn verloren hatte. Seine Niederlage hatte in dem Jahr Whitebrooks Hoffnungen auf die Triple Crown zunichte gemacht.

Auf dem Sattelplatz hielt Len den Hengst, während Ian rasch Sattelunterlage, Satteldecke und Rennsattel auf seinen Rücken hob. „Gehen wir", sagte Ian.

Cindy klopfte Champions nassen Hals. „Du bist bereit, nicht wahr, mein Junge?", fragte sie. „Es sind nur die Menschen, die unsicher sind."

Aileen wartete geduldig im Führring auf den Hengst. Sie war schon völlig durchnässt, machte aber keine Anstalten, sich vor dem Regen zu schützen. Wahrscheinlich hielt sie das für sinnlos, da sie ein paar Minuten später sowieso auf der Bahn mitten in Regen und Matsch sein würde, dachte Cindy.

„Hey, Champion", begrüßte Aileen den Hengst. „Wieder ein großes Rennen, mein Junge. Aber das sind wir ja langsam gewöhnt."

„Ich weiß nur nicht, wie ihm dieser rutschige Boden gefallen wird." Auf Mikes Stirn zeichneten sich Sorgenfalten ab.

Cindy warf Aileen einen Blick zu. Cindy wollte die offensichtlichen Gefahren der Rennbahn heute nicht ansprechen, doch sie fragte sich, was Aileen dachte.

Aileen saß schnell auf und sah in die besorgen Gesichter hinab, die sie umringten. Sie lächelte. „Keine Sorge, Leute. Champion wird sein Bestes geben – da bin ich sicher. Er ist doch schließlich unser Champion, nicht wahr?"

Cindy nickte und schluckte den Kloß in ihrem Hals hinunter. Das bist du auch, Aileen, dachte sie, als sie der selbstbewussten Amazone auf ihrem Weg zum Geläuf hinterherblickte, bis der Nebel Pferd und Reiter verschluckt hatte.

Auf der Tribüne drängte sich Cindy mit Samantha zusammen unter einen großen Schirm. Der Regen hatte fast aufgehört, doch dichter Nebel hüllte die Bahn jetzt fast vollständig ein. Cindy sah Champion in den Nebelschwaden verschwinden und wieder auftauchen, unwirklich wie ein Traumpferd.

„Champions Trainingsleistungen auf dem tiefen Boden waren gut", bemerkte Samantha.

„Ich weiß. Und er hat eine gute Position gezogen", sagte Cindy hoffnungsvoll. „Drei ist nicht schlecht bei einem Feld von elf."

„Für mich hört sich das gut an." Beth lächelte Cindy aufmunternd an.

„Wir müssen einfach abwarten, wie Champion das heute hinkriegt", sagte Ian.

Cindy stieß nervös einen langen Atemzug aus. Das Feld war erstklassig, aber Champion hatte schon einige der Pferde geschlagen. Auch Secret Sign war am Start. Cindy hatte keine Angst, dass sich die Hengste miteinander anlegten – Champion schien seine Abneigung gegen das andere Pferd verloren zu haben. Doch Secret Sign war immer ein starker Konkurrent und heute machte Cindy sich andere Sorgen wegen ihm. Der Schimmelhengst war ein so genanntes Sumpfhuhn – er hatte schon drei Rennen im tiefen Schlamm gewonnen.

Champion muss heute auf dem tiefen Boden einfach gut laufen, dachte Cindy. Ich wünschte, es hätte bei allen Triple-Crown-Rennen gutes Wetter gegeben! Aber ich schätze, man kann nicht alles haben.

Die Pferde wurden in die Startboxen geführt. Cindy zuckte zusammen, als Candy Sweetheart, ein schwarzes Pferd aus Florida, im Schlamm ausrutschte. Champion ging geradewegs in die Box und stand ruhig da.

„Bei diesem Nebel werden wir den Großteil des Rennens gar nicht mitbekommen", bemerkte Mike. „Nur Teile der Bögen und die Zielgerade."

„Wir hören aber den Kommentator." Beth drückte Cindys Hand.

Cindy nickte und versuchte, sich ein wenig zu entspannen. Sie legte den Schirm weg, um besser sehen zu können. Die Luft war so feucht und klebrig, dass der Regenschirm sowieso kaum etwas nützte. Champion kommt mit tiefen Böden klar, versicherte sie sich. Er ist kräftig, und er weiß, was er tut.

Das Startsignal ertönte, es klang gedämpft in der schweren Luft. „Und der Start ist erfolgt auf einer schlammigen Bahn!", rief der Rennbahnsprecher. „Secret Sign kommt schnell weg, gefolgt von Roaring Twenties. Dahinter Wunders Champion an dritter Stelle, drei Längen vor Say No More; so geht es in den ersten Bogen."

„Champion ist nicht an der Spitze!" Cindy fuhr sich nervös mit den Händen durch die feuchten Haare. „Er wird den ganzen Matsch ins Gesicht kriegen. Und hinter anderen Pferden zu laufen, mag er auch nicht!"

„Er fällt aber nicht weiter zurück", sagte Ian. Genau wie Cindy saß ihr Vater kaum noch auf seinem Sitz und versuchte angestrengt, durch den dichten Nebel zu starren.

„Champion lässt sich von dem Boden nicht aufhalten", sagte Samantha.

Verzweifelt fragte sich Cindy, ob das wirklich stimmte. Aus welchem Grund bloß war Champion beim Start nicht der Erste gewesen. Er hatte offensichtlich mit dem Boden zu kämpfen, doch die anderen Pferde nicht weniger. Cindy unterdrückte einen Schrei, als Say No More, ein großer kalifornischer Hengst, aus seiner Spur nach innen wegrutschte und beinahe gegen Champion prallte.

„Eingangs des Bogens wird Wunders Champion durch eine Lücke zum Rail geschickt", sagte der Kommentator.

„Aileen hat ihn jedenfalls nicht geschickt." Mike schüttelte den Kopf. „Champion kämpft gegen Aileen an und geht von selbst zum Rail!"

„Was ist daran schlimm?", fragte Cindy. „Ist er nicht nur Say No More aus dem Weg gegangen?" Sie konnte die Pferde kaum erkennen, als sie den Bogen durchqueren. Dann waren sie ganz im Nebel verschwunden, von Champion war nichts mehr zu sehen.

„Ans Rail hat sich heute noch keiner gewagt, der Boden ist dort furchtbar", antwortete Mike.

„Oh nein!" Cindy starrte Mike an. Auf der Bahn konnte sie sowieso nichts erkennen. Das Preakness ging über eine Meile und drei Sechzehntel. Cindy wusste nicht, ob Champion genügend Kraft hatte, das Rennen zu gewinnen, wenn er gleichzeitig noch mit dem Boden und mit Aileen kämpfte. Der tiefe Untergrund verlangte ihm eine Menge ab.

Cindy stellte sich auf die Zehenspitzen und versuchte, die dichte Nebelwand zu durchdringen. Es war schrecklich, den Hengst nicht sehen zu können.

„Noch eine halbe Meile zu laufen", sagte der Kommentator. „Secret Sign führt immer noch mit einer halben Länge. Aber Wunders Champion ist bei ihm, fünf Längen vor Say No More. An vierter Stelle Candy Sweetheart …"

Was macht Champion?, fragte Cindy sich panisch. Kämpft er immer noch mit Aileen? Er hält mit, aber er ist immer noch Zweiter! Hat er noch Reserven?

Im selben Augenblick brach Champion aus dem silbrigen Nebel. Wie ein dunkles Geschoss aus Kraft und purem Siegeswillen stürmte er an der Innenseite an Secret Sign vorbei. Cindy stieß einen Freudenschrei aus.

„Wunders Champion setzt sich auf der Geraden an die Spitze!", rief der Kommentator.

„Lauf!", schrie Cindy. „Halt durch, mein Junge!"

Langsam zog Champion dem anderen Hengst davon. Erst schob er sich um eine Halslänge nach vorn, dann, mit quälender Langsamkeit, um eine halbe Länge. Cindy spürte fast am eigenen Leib, wie Champion sich mit dem rutschigen Untergrund abkämpfte.

„Es ist doch schwer für ihn, durch den Schlamm zu rennen!", rief sie.

„Aber er macht es!" Samantha klang ganz außer Atem.

„Wunders Champion kämpft um seine Position", sagte der Kommentator. „Aber Secret Sign rückt auf. Sie sind Kopf an Kopf – Secret Sign ist eine Nase vorn!"

Champion, schalt den Turbo ein!, schrie Cindy innerlich. Aber vielleicht hast du das schon, um überhaupt durch diesen Boden zu kommen. „Bitte, Champion", rief sie. „Gib nur ein bisschen mehr!"

Als hätte er sie gehört, machte Champion einen letzten, tapferen Versuch; tief gruben sich seine Hufe in den aufgeweichten, rutschigen Boden. Zentimeter um Zentimeter schob er sich wieder an Secret Sign vorbei. Champions Nase war vorn!

„Ja!", schrie Cindy. „Du hast es. Nur noch eine Sekunde, Junge!" Der Zielpfosten näherte sich, während Champion seine Führung verteidigte. Secret Sign bewegte sich langsam wieder heran. Die Pferde schlugen sich Seite an Seite, jedes wild entschlossen zu siegen. Doch das Ziel lag hinter ihnen. Champion war als Erster hindurch!

„Wunders Champion zeigt, dass er es kann!", schallte es aus den Lautsprechern. „Er gewinnt die zweite Etappe der Triple Crown."

Überwältigt ließ Cindy sich auf den nassen Sitz fallen. Sie wusste, dass Champion im ganzen Leben noch nicht so hart gekämpft hatte. „Er hat gewonnen!", flüsterte sie. Sie hatte sich in den vergangen zwei Wochen diesen Moment so oft ausgemalt, dass sie kaum glauben konnte, dass er jetzt Wirklichkeit war.

Samantha berührte Cindys Arm. „Komm, gehen wir zum Siegerring", sagte sie. „Schließlich gewinnt nicht alle Tage ein Pferd zwei Rennen der Triple Crown, selbst ein Whitebrook-Pferd nicht!"

„Ich weiß." Cindy sprang auf. Ein seliges Glücksgefühl rauschte durch ihren Körper. Champion war jetzt so bedeutend – so berühmt! Nach solchen Siegen war ihm eine Zukunft als Zuchthengst auf Whitebrook sicher.

Auf dem Geläuf wurde Aileen von Reportern und Gratulanten überfallen, die alle durcheinander schrien, um ein Statement von ihr zu bekommen. Aileen blieb einen Moment stehen, um mit ihnen zu reden, und bahnte sich dann ihren Weg durch die Menge zum Siegerring.

„Champion, du warst wunderbar!", rief Cindy und ging sofort zum Kopf des Hengstes.

Champion war über und über, von den Augenlidern bis zur Schweifspitze, mit hellbraunem Schlamm überzogen. Er blinzelte und schüttelte sich und besprizte die Schaulustigen mit klebrigen Matsch. Hier und da kam sein dunkelbraunes Fell zum Vorschein. „Jetzt kann ich wieder etwas von dir sehen", sagte Cindy und lachte. Champion hatte ihr das Gröbste der Schlammdusche erspart, aber der Dreck hätte ihr nichts ausgemacht. Ich hätte ihn als Andenken behalten!, dachte sie.

Cindy untersuchte Champion rasch mit fachmännischem Blick. Die Flanken des Hengstes bebten und seine Nüstern waren blutrot. Doch bei den Anstrengungen dieses Rennens war das keine Überraschung. „Ich mach's wieder gut, mein Schatz", sagte sie und nahm den schlammigen Kopf des Pferdes in die Arme. „Keine Sorge."

Champion stützte sich dankbar auf sie. Zum ersten Mal scheint er wirklich erschöpft zu sein, stellte sie fest.

Auch Aileen hatte es bemerkt. „Machen wir Champion ein bisschen sauber und lassen die Presse ein paar Fotos machen", sagte sie. „Dann bringen wir ihn zum Stall und versorgen ihn."

Cindy sah schnell hoch und blickte plötzlich direkt in eine Fernsehkamera. Einen Moment lang hatte sie völlig vergessen, dass sie und Champion im Siegerring einer berühmten Rennbahn standen und von einer begeisterten Menge umringt waren. „Ich kann kaum fassen, dass du das Rennen noch so herausgerissen hast!", flüsterte sie Aileen zu, während Len eine saubere Satteldecke über den Rücken des Hengstes legte.

„Ich auch nicht", sagte Aileen. „Am Halbmeilenpfosten hat er mich zum Rail geschleppt und das hat uns eine Menge gekostet. Aber vielleicht wusste er, was er tat!"

„Sieht so aus." Cindy strahlte über das ganze Gesicht. Champion hatte gute Arbeit geleistet, und sie konnte nicht stolzer auf ihn sein.

Die Kameras blitzten, als Champion im Siegerring die Decke aus Thunbergien aufgelegt wurde, die traditionelle Blumendecke für den Sieger des Preakness-Rennens. Behutsam berührte Cindy eine der schwarzgelben Blumen. Eine dieser schwarzäugigen Susannen behalte ich für mein Triple-Crown-Album, dachte sie. Cindy hatte bereits eine Rose vom Kentucky Derby. Alles, was ihr jetzt noch fehlte, war eine weiße Nelke aus Belmont.

„Okay, das reicht jetzt", sagte Aileen freundlich zu den Presseleuten und drückte Cindy Champions Führzügel in die Hand. „Wir müssen unser Pferd abkühlen."

Cindy blieb dicht an Champions Seite, während Ian den Hengst zurück zu den Stallungen führte. Sicherheitsleute der Rennbahn hielten ihnen den Weg frei. Champion ist ein richtiger Star, dachte Cindy und platzte fast vor Stolz.

„Nach einem Rennen wie diesem sehe ich unsere Chancen für Belmont optimistisch", hörte Cindy Aileen zu einem Reporter sagen.

Cindy wandte sich Champion zu. Sie erschrak plötzlich ein wenig, wie schmutzig und erschöpft er aussah. Doch Champion stupste sie kräftig an, wie er es immer tat, als wollte er ihr sagen, dass er unter all dem Matsch immer noch derselbe war.

„Was sagst du dazu, mein Junge?", fragte sie. „Wir bringen dich in den nächsten paar Wochen in Schuss für das Belmont. Aber zuerst bekommst du ein schönes heißes Bad, um all den Dreck runterzukriegen, und dann gibt es ein ordentliches Abendessen mit einer Möhrenvorspeise.

Der schöne Hengst nickte mit dem Kopf, er wollte sagen, dass er jetzt wirklich ein bisschen Erholung gebrauchen konnte.

Cindy musterte Champion prüfend, während der Hengst ihrem Vater folgte. Sie machte sich immer noch ein wenig Sorgen um ihn, doch wahrscheinlich musste er sich nur mal richtig ausruhen.

Plötzlich blieb ihr fast das Herz stehen. Das ist bestimmt Einbildung, dachte sie. Doch als Champion noch ein paar Schritte gegangen war, wusste sie, dass sie sich nicht getäuscht hatte. Champion belastete ein Bein weniger als die anderen. „Dad, Champion lahmt!", schrie sie.

Ian hielt das Pferd sofort an. „Welches Bein ist es?", fragte er, während er einen Schritt zurücktrat.

„Ich ... ich glaube, es ist rechts vorne." Cindy hielt blinzelnd Tränen der Panik zurück. Bleib ruhig und hilf, befahl sie sich. Normalerweise konnte Cindy sofort sehen, welches Bein ein Pferd entlastete, doch im Moment konnte sie kaum klar denken. Champion war verletzt. Sie wusste, dass die Hoffnung auf einen Sieg im Belmont-Rennen – und damit die Triple Crown – wahrscheinlich gerade gestorben war.

„Vielleicht ist er nur steif", sagte Ian. „Halt ihn fest, Cindy, während ich mir seine Beine ansehe."

Wie betäubt vor Angst nahm Cindy Champions Führzügel und knetete ihn in den Händen. Champion, wie immer völlig unbekümmert, knabberte an ihren Händen und suchte nach Möhren. „Kannst du was sehen?", fragte Cindy ihren Vater.

Ian untersuchte nacheinander die Beine des Hengstes, bis er zum rechten Vorderbein kam. „Nein ... noch nicht. Ah, hier ist es."

„Was ist es?", fragte Cindy. Sie bemühte sich, mit fester Stimme zu sprechen.

„Er hat sich am Ballen verletzt." Ian hob den Kopf. „Gut, da kommt Len. Wir müssen die Wunde sofort säubern. Bringen wir Champion zum Stall, raus aus dem Regen."

„Ist es schlimm?" Cindys Zähne klapperten. Sie war nass bis auf die Haut, doch nicht deshalb zitterte sie.

„Nein, überhaupt nicht", sagte Ian beruhigend.

„Aber er wird jetzt wohl nicht mehr im Belmont starten." Cindy wischte sich mit dem Handrücken über die Augen. Es regnete wieder in Strömen. Sie wusste nicht, ob ihre Augen nass waren vom Regen oder von den Tränen.

„Wir werden sehen", antwortete Ian. „Es ist zu früh, um etwas zu sagen."

„Na komm, mein Großer", sagte Len. „Komm mit mir, wir bringen dich wieder auf die Reihe."

In seiner Box drehte der Hengst den Kopf herum, um zuzusehen, wie Len seinen Huf wusch. Cindy rieb kräftig seinen Hals, um ihn abzulenken. „Ganz ruhig, mein Junge", sagte sie. „Es ist gleich vorbei. Du tust dir nur noch mehr weh, wenn du den Huf auf den Boden stellst."

Champion beäugte sie. Dann drückte er seinen schlammigen Kopf gegen die hübsche Bluse, die Cindy extra für die Siegerfotos angezogen hatte. Er wollte wohl sagen: Das kriegst du jetzt dafür.

„Na gut, Champion – meine Bluse ist wahrscheinlich sowieso schon ruiniert", sagte Cindy seufzend.

Ian verband die Wunde, während Len den Hengst in eine warme Decke hüllte. Cindy strich durch Champions verdreckte Mähne und versuchte, keine voreiligen Schlüsse zu ziehen.

„Was ist passiert?" Aileen stand neben Cindy. Sie trug immer noch den nassen Renndress. Einen Moment später kam Mike hinein.

„Champion hat eine Oberflächlichenwunde", sagte Ian und ließ behutsam den verbundenen Huf des Pferdes herunter.

Mike und Aileen schwiegen, doch Cindy sah ihre düsteren Gesichter.

„Kann ich ihn jetzt abkühlen?", fragte Cindy. Sie wollte etwas für Champion tun.

„Ich denke, er ist inzwischen genug abgekühlt", sagte Ian. „Ich ruf den Hufschmied. Er kann Champion ein Eisen anpassen, das den Druck auf die Verletzung nimmt."

„Dann wasche ich ihn nur." Cindy füllte einen Eimer mit warmem Wasser und wusch Champion mit einem Schwamm ab. Dann rieb sie ihn gründlich trocken. Nachdem sie seine Mähne und seinen Schweif gekämmt hatte, sah der Hengst wieder aus wie er selbst. Cindy bemerkte, dass er den verletzten rechten Vorderhuf nicht entlastete. Das ist gut – wenigstens hat er keine Schmerzen, dachte sie. Doch sie fragte sich auch, wie der Huf sich wohl im Galopp anfühlen würde.

„Das macht uns wirklich einen Strich durch die Rechnung", sagte Aileen zu Mike und Ian. „Sollen wir Champion immer noch am Donnerstag nach Belmont bringen, wie wir es vorhatten?"

„Ich denke schon", sagte Mike.

Cindy guckte aus der Box. „Kann er denn einfach so transportiert werden?", fragte sie.

„Natürlich", sagte Aileen. „Champions Verletzung ist nicht so tragisch, Cindy." Sie runzelte die Stirn. „Das Problem ist aber, dass im Moment jede Verletzung schlimm ist. Wir haben nur noch drei Wochen bis zum Belmont."

Cindy nickte. Champion musste seine Verletzung auskurieren und gleichzeitig in Form gebracht werden für das längste Rennen seines Lebens.

Der Hengst steckte über Cindy hinweg seinen Kopf aus der Box. Cindy griff nach oben, um seine Blesse zu streicheln.

„Das wird ein ganz schöner Kampf werden, alter Junge", sagte sie. „Aber wir stehen das zusammen durch."

Kapitel 14

Cindy hatte vorgehabt, zwischen den Belmont- und Preakness-Rennen für ein paar Tage nach Whitebrook zurückzukehren. Eigentlich wollte sie mit Honor Bright arbeiten und Glory reiten und sich eine kurze Auszeit von dem hektischen Leben auf der Rennbahn gönnen. Doch nun, wo Champion verletzt war, beschloss Cindy, direkt mit dem Hengst nach Belmont zu fahren. Aileen, Mike und Ian würden ihn ebenfalls begleiten.

Vier Tage nach dem Preakness-Rennen verließ die Whitebrook-Gruppe Pimlico. Nach einer langen, sorgenvollen Fahrt brachte Cindy Champion schließlich in seine Box in Belmont. Der Hengst hatte die Reise wie ein Profi über sich ergehen lassen und schien sich in seiner neuen Box wohl zu fühlen.

Jeden Tag hatte Cindy geholfen, Champions Huf zu versorgen. Vor der Abreise aus Pimlico hatte ein Hufschmied dem Hengst ein Steghufeisen angepasst, das den Druck von seiner Verletzung nahm. Täglich war die Wunde mit Wasser gereinigt worden, um einer Infektion vorzubeugen.

„Champion kann die Reinigung nicht ausstehen, was?", sagte Len eines morgens zwei Wochen nach dem Preakness-Rennen. Cindy weichte den Huf des Hengstes in einem Eimer ein.

„Nein, er hasst es." Das Pferd hatte gerade zum zehnten Mal das Bein aus dem Eimer gerissen. Cindy packte das Bein, bevor der Huf den Boden berühren konnte, und tauchte es mit sanfter Gewalt wieder in das warme Wasser. „Aber ich glaube, für Champion ist das lange Stillstehen noch schlimmer als das Wasser. Er ist vorher noch nie verletzt gewesen ..." Cindy biss sich auf die Lippe.

„Lass den Huf mal ansehen." Len hob Champions rechten Vorderhuf und untersuchte sorgfältig den Ballen. „Die Wunde heilt gut", sagte er. „Keine Anzeichen einer Infektion."

„Ich finde auch, dass es gut aussieht." Cindy wusste, dass eine Infektion das war, was alle fürchteten. Solange der Huf gesund blieb, war Champion für das Belmont-Rennen gemeldet. Doch beim ersten Anzeichen einer Infektion würden sie seine Nennung zurückziehen müssen.

Cindy stieß einen müden Seufzer aus und hob Champions Bein aus dem Eimer. „Okay, fertig, mein Junge. Wie wär's mit etwas Gras?" Champion schüttelte sich und sah sie dann mit leuchtenden Augen an. Cindy musste lachen, als sie den eifrigen Blick des Hengstes sah. Er hat auf jeden Fall Courage, dachte sie.

Sie führte Champion auf den Hof hinaus, wo er grasen konnte. Der Himmel hatte sich aufgeklärt, aber es war immer noch kühl, und es schien eher Herbst als Juni in New York.

Das ist ideales Rennwetter, dachte sie und sah Champion sehnsüchtig an. Ich hoffe bloß, es bleibt so – und du bist dabei!

Aileen hatte den Hengst seit seiner Verletzung in einem leichten Training gehalten. Cindy wusste, dass Aileen keine Wahl hatte – sie konnten Champion nicht nach drei Wochen Pause plötzlich im kühlen Belmont einfach laufen lassen. Gestern Morgen hatte Aileen ihn langsam galoppiert. Champion hatte keinerlei Probleme gehabt, doch Cindy wusste, dass sich erst im Renngalopp zeigen würde, ob alles in Ordnung war. Morgen wollte Aileen den Hengst zum ersten Mal seit dem Preakness und der Verletzung wieder rennen lassen.

„He, Cindy – sieh mal, was ich für dich habe", rief Samantha.

Aus ihren Gedanken gerissen, blickte Cindy auf. Samantha kam ihr entgegen, in der Hand einen kleinen Strauß weißer Nelken. „Lies die Karte."

Cindy nahm die schönen Blumen und öffnete die Karte – sie waren von Max! Weiße Nelken wird Champion in einer Woche tragen, wenn er das Belmont gewonnen hat, hatte Max geschrieben. Bis später! Cindy war ganz gerührt, dass er daran gedacht hatte.

„Von wem sind sie?", fragte Samantha.

„Max. Er hat geschrieben, bis später, aber ich weiß nicht, was er meint. Er ist doch in Kentucky." Cindy sog tief den warmen, sommerlichen Duft der Blumen ein.

„Nun, Dr. Smith kommt nach Belmont", sagte Samantha. „Sie wird sich um Champion kümmern."

„Also kommt Max mit!" Cindy war begeistert. Es wird wunderbar sein, Max hier zu haben, wenn ich mir solche Sorgen um Champion mache, dachte sie.

„Er ist schon da", sagte Samantha grinsend. „Er steht gleich da drüben und hat beobachtet, wie ich dir die Blumen gegeben habe."

„Überraschung!" Max trat hinter einem Baum hervor und überquerte den Hof. „Na, Champion, wie geht's unserem großen bösen Pferd?" Champion riss den Kopf aus dem Gras. Er schien genau zu wissen, wen Max meinte. Der Hengst trat freundlich auf Max zu und beschnupperte seine Hände. Max zog eine Möhre aus seiner Jeans und klopfte dann Champions Stirn, während der Hengst den Leckerbissen zermalmte.

„Max, ich kann nicht glauben, dass du da bist!" Cindy lächelte. „Champion geht es gut – wir sind ziemlich sicher, dass die Wunde sich nicht entzünden wird." Cindy hatte all ihre Freunde zu Hause über Champions Zustand informiert. „Wir wissen nur nicht, ob er rennen kann." Sie warf Max einen schnellen Blick zu. „Ist deine Mutter nur wegen Champion hier?"

Max schüttelte den Kopf. „Er ist zwar ein wichtiger Patient, aber nur einer von vielen."

Cindy war erleichtert. So sehr sie Dr. Smith auch mochte, es war normalerweise kein gutes Zeichen, wenn die Tierärztin auftauchte.

Champion schnappte mit den Zähnen nach dem Blumenstrauß. „Nein, Champion, die sind nicht für dich!" Cindy hielt die Blumen außer seiner Reichweite. „Oder vielleicht doch, aber sie sind nicht zum Fressen gedacht", berichtigte sie sich. „Danke für die Blumen, Max."

„Keine Ursache", versicherte Max. Champion schielte nach Cindy. Er überlegte wohl, ob er noch einen Versuch wagen sollte, an die Blumen zu kommen. Dann schnaufte er, als wüsste er, dass es sinnlos war, und senkte den Kopf wieder ins Gras.

„Soll ich Champion halten, solange ihr zwei euch richtig begrüßt?", fragte Samantha.

„Schätze schon." Cindy zögerte, den Hengst allein zu lassen.

„Na los", drängte Samantha. „Mach mal eine Pause. Du hast praktisch nur mit Champion gelebt."

„Schläfst du wieder in der Box?", fragte Max.

Cindy schüttelte den Kopf. „Nein, noch nicht. Meine Eltern erlauben mir das erst ein paar Tage vor dem Rennen." Cindy hatte sich lange mit ihnen darüber gestritten, doch ihre Eltern waren hart geblieben.

Samantha griff nach Champions Führstrick. „Bis nachher", sagte sie.

„Komm, drehen wir unsere Runde um die Ställe", sagte Max.

„Gut." Cindy blickte abwesend zu Champion, doch sie nickte. Immer, wenn Cindy und Max zusammen auf der Rennbahn waren, wanderten sie zusammen durch die Stallungen und sahen sich die Pferde an. Es war zu einem richtigen Ritual geworden.

Max lächelte sie an. Sie lächelte zurück. Ich wette, das ist das erste Mal seit einer Woche, dass ich lächle!, dachte sie. Ich sollte mir nicht so viele Sorgen machen – dadurch wird es auch nicht besser.

„Mit welchem Stall sollen wir anfangen?", fragte Max.

Cindy überlegte einen Moment. In den zehn Tagen, die sie jetzt in Belmont war, war sie viel zu sehr mit Champion beschäftigt gewesen, um sich richtig umzusehen. Außerdem kümmerte sie sich noch um Limitless Time, Freedom's Ring und drei weitere Whitebrook-Pferde, die bereits für die Sommerrennen auf der Rennbahn waren. „Sehen wir uns Silk Stockings an", sagte sie. „Er ist gerade erst aus Kentucky gekommen. Alle sagen, er ist ein wirklich starker Konkurrent in dem Rennen."

Als Cindy sich zum Gehen umdrehte, hob Champion den Kopf und starrte sie an, wie um zu sagen: Wo willst du denn hin?

„Ich bin bald wieder da, Champion", versprach Cindy. „Benimm dich, während ich weg bin, wenn's geht." Sie machte sich auf den Weg zum Stall von Silk Stockings und ignorierte das durchdringende, empörte Wiehern, das ihr hinterherschallte.

„Warum wird so viel Wirbel um Silk Stockings gemacht?", fragte Max.

„Er hat das Blue Grass und noch ein paar andere Vorexamen zum Kentucky Derby gewonnen", sagte Cindy. „Aber er ist nicht im Derby gestartet, weil er sich kurz vorher eine Sehne gezerrt hat. Genau wie Champion hat er gerade eine Verletzung hinter sich."

Cindy konnte einen kurzen Blick auf Silk Stockings werfen, der gerade von einem Pferdepfleger zurück in den Stall geführt wurde. Mit seinen vier weißen Beinen und seinem selbstbewussten Schritt war der große Fuchs unverwechselbar. Doch bevor Cindy ihm folgen konnte, stellte sich ihr eine dunkelhaarige Reporterin in den Weg. „Wie geht es Champion?", fragte die junge Frau und klappte ihr Notizbuch auf.

„Gut", antwortete Cindy höflich.

„Wie beurteilen Sie seine Chancen für das Rennen?", fragte die Reporterin.

„Es tut mir Leid, aber ich kann Ihnen zu diesem Zeitpunkt keine Auskunft geben." Cindy ging auf den Stall zu. Sie sah weitere Reporter mit Kameras und Notizbüchern auf sich zukommen und huschte schnell in den Stall.

„Warum wolltest du nicht mit der Reporterin sprechen?", fragte Max, der jetzt rennen musste, um sie einzuholen.

„Ich soll nichts sagen, ohne dass mein Vater oder jemand anders dabei ist. Oft steht am nächsten Tag auf der Titelseite, was Aileen oder mein Vater gesagt haben. Ich will keine Gerüchte über Champions Gesundheit in Umlauf bringen."

Max nickte. „Wenigstens sind sie dir nicht in den Stall gefolgt."

„Ja, gut. Das ist Silk Stockings." Cindy zeigte zum Ende des Stalls. Der Hengst war gerade gewaschen worden und sein Pfleger rieb ihn trocken.

Cindy kniff nachdenklich die Augen zusammen. Schon aus der Entfernung erkannte sie an Silk Stockings durchtrainierten Muskeln, die unter dem nassen Fell besonders hervortraten, dass der Hengst in Topform war. Er hat sich anscheinend völlig von seiner Verletzung erholt, dachte sie. Ich hoffe, Champion auch. „Schön", sagte sie zu Max. „Ich denke, ich habe genug gesehen."

Max steckte die Hände in die Taschen. „Er sieht toll aus", bemerkte er. „Wer kommt als Nächstes?"

„Ich will nur noch City Lady sehen; dann gehe ich lieber wieder zurück zu Champion", sagte sie. „City Lady ist die einzige Stute, die im Belmont startet. Sie steht im nächsten Stall."

City Lady stand in ihrer Box und schlug ungeduldig mit dem Kopf. Die helle Fuchsstute legte ihre Ohren ein wenig an, als Max und Cindy sich näherten.

„Sie ist wie Champion – sie lässt niemanden an sich heran", bemerkte Max.

„Wenn Champion nicht starten würde, wäre City Lady mein Tipp." Cindy lächelte, als sie das Feuer in City Ladys Augen funkeln sah. „Seit fast einem Jahrhundert hat keine Stute mehr das Belmont gewonnen."

„Na ja, zumindest City Ladys Trainer muss ihr ja einen Sieg zutrauen, sonst hätte er sie nicht für das Rennen gemeldet", bemerkte Max.

„Das stimmt. Aber keines dieser Pferde kann Champion das Wasser reichen, wenn er gut drauf ist", sagte Cindy zuversichtlich. „Ich muss nur dafür sorgen, dass er am Renntag absolut in Topform ist."

* * * * *

Für den nächsten Morgen hatte Ian Champions erste richtige Galopparbeit seit seiner Verletzung eingeplant. Cindy stand angespannt mit Max an den Rails und wagte kaum zu atmen, während Aileen Champion um die Bahn trabte. Samantha hatte bereits angefangen, Limitless Time auf der Bahn aufzuwärmen. Die beiden Hengste sollten heute zusammen galoppieren.

Die Morgenluft war noch nicht heiß, aber bereits schwül – nach den heftigen Regenfällen des Frühjahrs hatte sich in New York der Sommer zurückgemeldet. Der blassblaue Himmel wirkte von der Feuchtigkeit in der Luft wie ausgewaschen. Champion macht Hitze nichts aus, sagte Cindy sich. Er ist ein Kentucky-Pferd. Wenigstens eine Sache, über die ich mir keine Sorgen machen muss.

Aileen parierte Champion am Eingang durch. „Gut", sagte sie. „Ich werde ihn jetzt eine Dreiachtelmeile rennen lassen."

„Bist du sicher, dass alles in Ordnung ist?" Cindy kaute nervös an den Fingernägeln, als sie zu Champion hinaufsah. Der Hengst schlug fröhlich mit dem Kopf; er konnte es kaum erwarten loszulegen. Du weißt nicht, was alles schief gehen kann, mein Junge, dachte Cindy.

„Ich denke schon", sagte Aileen sanft. „Ich muss ihn jetzt galoppieren, Cindy. Wir können nicht länger warten – es ist nur noch eine Woche bis zum Rennen. Sein Huf wird in ein oder zwei Tagen auch nicht besser sein."

Cindy nickte. Dagegen konnte sie nichts sagen. Doch als Aileen Champion am Rail entlang zu Ian und Mike ritt, wünschte sich Cindy plötzlich, sie könnte Champion einfach mit nach Hause nehmen. Nie habe ich mir etwas mehr gewünscht, als dass Champion die Triple Crown gewinnt, aber jetzt scheint mir schon das Training zu riskant, dachte sie.

Max drückte ihre Hand. „Alles in Ordnung", sagte er, als hätte er ihre Gedanken gelesen. „Aileen weiß, was sie tut."

„Ja, natürlich." Cindy schloss für einen Moment die Augen und zwang sich, tapfer zu sein. Aileen und Samantha hatten Champion und Limitless Time auf die Gegenseite der Bahn getrabt. Auf Aileens Zeichen fielen die beiden Pferde in den Galopp und fegten am Rail entlang. Champion lag leicht vor dem Rappen, als sie durch den hinteren Bogen jagten.

„So weit, so gut", sagte Max. „Champion geht fantastisch."

„Ja, aber sie haben noch nicht angefangen zu rennen." Cindy ließ Max' Hand los. Ihre eigene Hand wurde feucht.

An der Drei-Achtel-Marke gaben Aileen und Samantha ihren Pferden das Zeichen für den Renngalopp. Sie bewegten ihre Hände die Pferdehälse hinauf und kauerten sich vornüber.

Jetzt!, dachte Cindy und lehnte sich dabei selbst nach vorn. Sie konnte noch so oft die Arbeit der Rennpferde beobachten – jedes Mal aufs Neue packte sie der magische Moment, wenn ein Vollblüter seiner angeborenen Bestimmung folgte, sich vorwärts stürzte und sein ganzes Herz in den Galopp warf.

In seinem Zweikampf mit Limitless Time sah Champion wunderschön aus. Seine Mähne und sein Schweif wehten in der Farbe dunkler Schokolade hinter ihm her und zeichneten sich überdeutlich gegen die Pastellfarben der sommerlichen Landschaft ab. Mit Champions Galoppade schien alles in Ordnung zu sein: Sie war so raumgreifend, gleichmäßig und elastisch wie immer.

Doch als die Pferde in die Gerade einliefen, hielt Cindy den Atem an. Limitless Time überholte Champion!

„Ich glaub das nicht!", stieß sie hervor. „Limitless hat Champion noch nie auch nur für eine Sekunde geschlagen."

„Vielleicht holt Champion im Finish wieder auf." Auch Max klang nervös.

Doch Champion fiel eine weitere Länge zurück, dann zwei. Die Hengste schossen am Eingang vorbei. Champion war um drei Längen geschlagen worden!

Cindy war so schockiert, als hätte sie einen Schlag auf den Kopf bekommen. „Champion muss immer noch verletzt sein!", sagte sie. Cindy wartete verzweifelt, während Aileen Champion über eine Achtelmeile ausgaloppieren ließ und ihn dann im Trab zum Eingang zurückritt. Und wenn er sich noch schlimmer verletzt hat?, dachte sie.

Aileen sprang aus dem Sattel und schüttelte den Kopf. „Er hat überhaupt nicht richtig angezogen", sagte sie. „Sehen wir uns den Huf mal an." Aileen, Mike und Ian umringten Champion, und Ian hob den rechten Vorderhuf des Hengstes hoch.

Trotz ihrer Besorgnis bemerkte Cindy, wie Champion die Aufmerksamkeit genoss. Er senkte den Kopf, um jeden der Menschen, die um ihn herum auf dem Boden knieten, mit seinem Maul zu berühren. Er spielte mit den Lippen an ihren Hemden, Hosentaschen und Haaren. „Du verrückter Kerl", sagte Cindy, und ihre Stimme fing an zu zittern. Champion schnaubte zufrieden.

„Es sieht alles okay aus." Ian richtete sich auf und setzte Champions Huf ab. „Das Steghufeisen sitzt auch immer noch richtig."

„Vielleicht muss sich Champion nur an das Eisen gewöhnen", sagte Aileen. „Ich werde ihn im Laufe der Woche noch mal galoppieren. Bring ihn jetzt bitte einfach zurück zum Stall, Cindy."

„Klar, mach ich." Cindy griff nach den Zügeln. Sie merkte, dass Aileen sich bemühte, optimistisch zu klingen. Cindy ermahnte sich, die anderen mit ihrer düsteren Stimmung nicht noch mehr zu belasten.

Champion trat ohne zu zögern auf sie zu. Wenigstens hat er keine Probleme aufzutreten, stellte sie erleichtert fest. Große Schmerzen kann er nicht haben.

„Die Presse spekuliert schon wild, ob wir Champion nun starten lassen oder nicht", bemerkte Mike.

„Wir werden das erst kurz vor dem Rennen entscheiden." Aileen zuckte die Achseln. „Natürlich ziehen wir ihn zurück, wenn wir Zweifel haben, dass er gewinnen kann, oder sein Huf noch Probleme macht."

Cindy nickte düster. Sie gab ihrem Vater für einen Moment Champions Zügel in die Hand und ging zu Limitless Time, den Samantha gerade von der Bahn geritten hatte, um seinen Hals zu klopfen. „Er ist gut gelaufen", sagte Cindy und bemühte sich zu lächeln. Sie konnte Limitless nicht die Schuld an Champions Niederlage geben.

Samantha nickte. „Ja, das ist er. Es war eine sehr gute Zeit. Champion ist nicht schlecht gelaufen, Cindy ..."

Cindy nickte. Aber er hat trotzdem verloren!, dachte sie.

„Was meinst du, was passiert ist?", fragte Max, als er und Cindy Champion zum Stallbereich führten.

„Ich denke, Champions Turbo hat gefehlt." Cindy war ganz flau im Magen. „Ich weiß nicht, ob sein Huf noch wehtut. Vielleicht hat er Angst, richtig schnell zu laufen, selbst wenn er nur ganz leichte Schmerzen hat. Oder Aileen hat Recht und das Steghufeisen stört ihn. Aber was mir am meisten Sorgen macht ..." Cindy rang um eine feste Stimme. „Champions Turbo war etwas ganz Besonderes. Vielleicht ist er einfach verschwunden, als Champion sich verletzt hat. Vielleicht ist sein besonderer Antrieb verloren gegangen."

„Champion kann sich vor dem Rennen noch steigern", sagte Max. „Ihr habt immer noch eine Woche."

„Ja." Cindy bemühte sich, optimistisch zu klingen. „Bis dahin werden wir aber wahrscheinlich auch nicht mehr wissen."

„Ich bin jetzt mit meiner Mutter verabredet, aber ich komme später noch mal", sagte Max mitfühlend.

„Gut. Ich kümmere mich jetzt besser um Champion." Entschlossen wandte Cindy sich dem Hengst zu. Champion stand ruhig da und schlug nur leicht mit dem Schweif, um die Fliegen zu vertreiben. Ich wünschte fast, er würde Unsinn machen wie sonst auch, sagte Cindy zu sich. Es sah Champion überhaupt nicht ähnlich, geduldig auf jemanden zu warten. Vielleicht heißt das, dass mit ihm etwas nicht stimmt. Sie schüttelte heftig den Kopf. Ich werde noch wahnsinnig, wenn ich zu viel nachdenke.

Die nächste Stunde über war Cindy damit beschäftigt, Champion abzukühlen und es dem Hengst in seiner Box gemütlich zu machen. Sie trug mehrere Lagen frisches Stroh hinein und schüttelte es auf. Dann kontrollierte sie Champions Wasser. Schließlich gab sie dem Hengst ein paar dicke Möhren und klopfte und streichelte ihn, bis er vollkommen zufrieden schien.

Und jetzt?, dachte Cindy und ließ sich in der Box zu Boden sinken. Sie fühlte sich wie gefangen. Wenn sie Champion zum Grasen aus der Box holte, würde die Presse über sie herfallen. Während sie sich selbst solche Sorgen um das Pferd machte, konnte sie die Fragen der Reporter nicht ertragen.

„Ich wünschte, wir könnten einfach nach Hause fahren, Champion", flüsterte sie. Cindy dachte sehnsüchtig an die ruhigen, glücklichen Tage, die sie auf Whitebrook mit den Pferden verbrachte. Es wäre so schön, dem Druck der Rennbahn zu entkommen, vor allem jetzt, wo Champion verletzt war.

Cindy lächelte ein wenig, als sie an den lieben, fragenden Gesichtsausdruck von Honor Bright dachte und daran, wie die kleine Stute die größeren Jährlinge auf der Koppel herumkommandierte. Dann dachte Cindy an Glorys Joy, das kleine Frühchen, das inzwischen zu einem kräftigen, resoluten Fohlen herangewachsen war.

Ein Bild von Mandy auf Far Sailor schoss ihr durch den Kopf. Cindy lachte beinahe laut auf, als sie sich an den wilden Ritt ihrer mutigen Freundin über die Hindernisse auf der Trainingsbahn erinnerte.

Honor, Glorys Joy und Mandy werden Sieger sein, dachte sie. Honor und Joy werden sich niemals davon beirren lassen, dass sie klein sind. Und Mandy wird sich nie von ihren schwachen Beinen aufhalten lassen – nicht für eine Sekunde.

Cindy sah Champion an. Der Hengst schob das Stroh in der Box von einer Ecke in die andere. „Ich glaube, ein wirklicher Sieger zeigt sich darin, dass er Hindernisse überwinden kann, mein Junge", sagte sie. „Jeder hat Probleme – es geht darum, wie man mit ihnen umgeht."

Champion gab das Strohschieben auf und kam zu Cindy herüber. Der Hengst senkte den Kopf, um sie anzusehen. Seine dunklen Augen blickten sie fragend an.

Cindy hob die Arme und legte sie um seinen Kopf. „Willst du wissen, ob ich hier den ganzen Tag nur rumsitzen werde? Nein, das werde ich nicht." Cindy grub ihre Stiefel ins Stroh und stand auf. „Komm, gehen wir doch ein bisschen zum Grasen hinaus", sagte sie entschlossen.

Champion trat an die Boxentür, als hätte er ihre Worte verstanden. Dann drehte er den Kopf nach hinten, um zu sehen, wo sie nun blieb.

Ich habe noch nie ein beherzteres Pferd als Champion erlebt, sagte Cindy zu sich, als sie den Hengst aus dem Stall führte. Champion wird alles tun, was nötig ist, um das Belmont-Rennen zu meistern – das weiß ich.

Kapitel 15

„Und da kommt der Star des heutigen Tages!", rief der Kommentator, als Champion das Geläuf für die Belmont Stakes betrat. „Sollte dies der erste Triple-Crown-Sieger sein seit mehr als einem Vierteljahrhundert?"

Wie im Traum sah Cindy Champion zur Parade auf die Bahn marschieren. Neun Jockeys in farbenfrohem Renndress und ihre aufgedrehten, tänzelnden Vollblüter bewegten sich vor der Tribüne über das Geläuf. Es ist so weit, dachte sie. Heute kann Champion die Triple Crown gewinnen.

Cindy strich ihre blonden Haare zurück und genoss das Sommerwetter. Die saftig grünen Bäume bogen sich im warmen Wind, als die ersten Pferde zum Aufgalopp starteten. „Wenigstens können wir uns nicht über das Wetter beklagen", sagte sie.

„Mach dir keine Sorgen." Max klang zuversichtlich. Cindy hatte ihren Freund gebeten, sich das Rennen mit ihr anzusehen.

„Es ist der perfekte Tag für Champion." Beth tätschelte Cindys Knie.

Das hoffe ich. Cindy beugte sich vor und beobachtete prüfend Champions Gang. Champion glitt in einem schwebenden, elastischen Trab über das Geläuf. Cindy konnte nichts Ungewöhnliches an seinen Bewegungen erkennen. Doch sie wusste, dass der Hengst in diesem Rennen alles geben musste, um zu gewinnen.

Vor drei Tagen hatte Aileen Champion ausgiebig galoppiert. Der Hengst war sehr gut gegangen und hatte den verletzten Huf nicht im Geringsten geschont. Doch ein gemütlicher Galopp war etwas ganz anderes als die rasenden Geschwindigkeiten, die im Rennen verlangt wurden.

Champions Huf war wieder ganz verheilt, doch er trug immer noch das Steghufeisen. Das konnte ihn aus dem Gleichgewicht und aus dem Takt bringen – nicht viel, aber genug, um ein Weltklasserennen wie die Belmont Stakes zu verlieren.

„Wenigstens ist Sky Beauty nicht dabei", sagte Cindy zu Samantha. Cindy erinnerte sich daran, wie schnell die Stute und ihr Jockey im Florida Derby reagierten und jeden Vorteil zu nutzen gewusst hatten.

„Warum eigentlich nicht?", fragte Max.

„Sie wäre eine harte Konkurrentin", sagte Samantha. „Aber ihr Trainer hat beschlossen, sie fürs Erste gegen andere Stuten antreten zu lassen – und über kürzere Strecken als eine und eine Viertelmeile."

„Er schließt aber nicht aus, dass Sky Beauty im Herbst wieder gegen Hengste startet", sagte Ian.

Cindy war froh zu hören, dass es der unerschrockenen Stute gut ging. Doch sie war erleichtert, dass Champion heute weder gegen seine schärfste Konkurrenz noch gegen einen tiefen Boden anrennen musste. Mit seiner Verletzung hat er schon genug zu kämpfen, dachte sie.

Cindy lief ein Schauer der Aufregung über den Rücken, als das erste Pferd im Feld, Racing Trim aus Florida, in die Startmaschine ging. Champion hatte von neun Pferden die Startboxnummer sechs gezogen. Nicht toll, aber auch nicht schlimm, beruhigte Cindy sich.

Das restliche Feld rückte zügig in die Startboxen ein und nach jedem Pferd schlossen sich scheppernd die Metalltüren. Champion bezog den Stand Nummer sechs neben City Lady.

„Jetzt ist es so weit", murmelte Samantha. Cindy war viel zu aufgeregt, um zu sprechen. Sie starrte auf die Bahn, die in der Hitze flimmerte, und wartete angespannt auf das Startsignal. Der Moment dehnte sich endlos und schien alles zu versprechen.

Das Startsignal dröhnte in die Stille. Die Menge tobte, als die neun Pferde im Feld aus der Startmaschine stürzten.

„City Lady übernimmt direkt die Führung!", rief der Kommentator. „Andy's Won ist gut weggekommen, er liegt an zweiter Stelle; Dritter ist Silk Stockings, er läuft kräftesparend am Rail; vier Längen dahinter Wunders Champion, der einen Tick langsamer herausgekommen ist."

„Was ist passiert?" Cindy schüttelte ungläubig den Kopf. Champion sprang normalerweise sehr gut aus der Startmaschine! „Er ist doch nicht gestolpert, oder?"

Ian richtete sein Fernglas auf den Hengst. „Er ist einfach zum ersten Mal langsamer gestartet."

Cindys Mund war trocken. Ob Champion wohl Angst hat?, dachte sie und nahm ihr eigenes Fernglas, um den Hengst besser beobachten zu können. Das Steghufeisen muss ihn aus dem Tritt gebracht haben. Es macht ihm wahrscheinlich Angst; oder er kann einfach nicht so gut damit laufen. Das ist wie in meinen schlimmsten Alpträumen!

Entsetzt verfolgte Cindy, wie Champion auf den fünften Platz zurückfiel, als die Pferde den ersten Bogen durchquerten. „Er ist zwölf Längen hinter der Spitze!", stieß sie hervor.

„Es ist ein langes Rennen." Samantha griff Cindys Schulter. „Es ist noch nichts verloren!"

Cindys Herz raste, doch sie sah, dass Samantha Recht hatte. Aileen kauerte sich tief über Champions Hals und der Hengst reagierte mit einem Schub nach vorn, der ihn dicht an Andy's Won heranbrachte. „Ja, Champion!", flüsterte Cindy. Als die Pferde in die Gegengerade liefen, konnte Cindy ihre Positionen deutlich erkennen. Champion lag direkt hinter den drei Pferden an der Spitze und suchte nach einer freien Passage nach vorne.

„Wunders Champion wird gefordert!", rief der Kommentator. „Aber er findet keine Lücke zwischen den Pferden. Andy's Won fällt zurück ... Da geht Wunders Champion! Er ist an der Innenseite durchgekommen und greift City Lady und Silk Stockings an. City Lady führt mit einer Nase Vorteil, aber Wunders Champion und Silk Stockings lassen sich nicht abschütteln!"

Ian warf einen kurzen Blick auf die Anzeigetafel. „Ein Dreikampf um die Führung", sagte er. „Das ist nicht gut so früh im Rennen."

Das Programmheft zitterte in Cindys Händen. Max fasste ihre Hand und Cindy lächelte durch ihre zitternden Lippen. Champion gibt sich solche Mühe!, dachte sie. Er muss einfach an den anderen Pferden vorbeikommen. Wenn er nur nicht verletzt ist!

Als Champion durch den Schlussbogen stürmte, konnte Cindy sehen, dass der Hengst vollkommen auf seinen Galopp konzentriert war. Den schönen Kopf hoch erhoben, grub Champion die langen Beine in den lockeren Sand und verschlang den Boden.

Doch der Abstand zu Silk Stockings oder City Lady wurde nicht kleiner. Die Stute hielt ihre Führung von einer halben Länge, als die drei Spitzenpferde in die Zielgerade einliefen. Silk Stockings lag eine Halslänge vor Champion.

„Das Steghufeisen macht Champion vielleicht gerade so viel langsamer, dass er nicht an den beiden vorbeikommt!", rief Mike.

„Nein, warte!", schrie Cindy. „Sieh doch!" Sie konnte kaum glauben, was sie sah – mit einem einzigen Satz hatte Champion den Gang gewechselt.

Champion schoss nach vorn und führte jetzt um eine Halslänge. Auf der letzten Achtelmeile wurde sein Abstand zur Konkurrenz mit jedem Galoppsprung länger!

Champion lässt sich von nichts aufhalten – von keiner Verletzung, keinem Steghufeisen und keinem anderen Pferd, begriff Cindy. Er hat so viel Mut und Herz – genau wie Wunder!

„Wunders Champion geht mit einem unglaublichen Angriff in Führung!", rief der Kommentator begeistert. „City Lady ist auf den zweiten Platz verwiesen worden; Silk Stockings ist zurückgefallen auf den dritten. Wunders Champion legt es auf die Triple Crown an! Kann er es schaffen?"

„Ja!", schrie Cindy und sprang von ihrem Sitz auf. Champion flog auf die Ziellinie zu. „Nur noch ein paar Sprünge, Junge, und du hast es!"

„Los, Champion!", jubelte Max.

Der Hengst enttäuschte Cindy und die tosende, jubelnde Menge nicht. Unangefochten jagte Champion mit fünf Längen Vorsprung vor Silk Stockings auf das Ziel zu. Er war fast da ... er war im Ziel!

„Wir haben einen neuen Triple-Crown-Sieger!", jubelte der Kommentator.

„Du hast es geschafft, mein Junge!", schrie Cindy. Sie fiel zurück auf ihren Sitz, überwältigt von ihren Gefühlen.

„Ich habe im Leben noch keinen tapfereren Lauf gesehen", sagte Samantha mit ehrfürchtiger Stimme.

„Das ist das Unglaublichste, was Whitebrook je passiert ist." Mike strahlte Cindy an. „Danke, Cindy, dass du uns diesen Hengst so weit gebracht hast."

„Ihm und Aileen musst du danken!" Cindy sprang auf. „Kommt, sagen wir es ihnen."

Ein Dutzend Reporter überschütteten Aileen mit Fragen, als sie den Hengst zum Siegerring führte. „Wir könnten heute nicht stolzer oder glücklicher sein", sagte sie. „Ich bin sicher, da spreche ich für ganz Whitebrook."

„Und wie!", stimmte Cindy zu. Sie legte die Hand an den glatten dunklen Hals des Hengstes. „Du bist mein Held, alter Junge."

„Fantastischer Ritt, Aileen." Mike umarmte Aileen.

„Einfach perfekt", pflichtete Cindy ihm bei.

Der aufgeregte, glückliche Hengst schnaubte und hob triumphierend den Kopf, als die Siegerdecke aus Nelken auf seinen Rücken gelegt wurde. Cindy versuchte, die Decke gerade zu ziehen, und Champion drehte sofort den Kopf nach hinten und biss zu.

„Champion, Schluss damit!", rief Cindy lachend. „Willst du mit einem Bild berühmt werden, auf dem du Nelken frisst?"

Der Hengst zeigte keinen Funken Reue, aber er ließ die Blumen wieder los. Dann blickte er direkt in die Kameras, wie er es immer tat.

„Angeber", sagte Mike grinsend.

„Gut, das reicht jetzt für Champion", sagte Aileen schließlich. Sie drehte sich um und lächelte Cindy ganz besonders herzlich an. „Bring ihn zurück, Cindy."

Übers ganze Gesicht strahlend führte Cindy den eleganten, tänzelnden Hengst durch die jubelnde Menge zum Stallbereich. Sie musste lachen, als sie Champion ansah. Der Hengst wölbte den Hals, trippelte mit kleinen Schritten und ruckte immer wieder am Führzügel. Offensichtlich wusste Champion genau, was er geleistet hatte, und prahlte vor der Menge.

„Denken Sie daran, ihn nächstes Jahr zum Dubai World Cup zu schicken?", rief ein Reporter.

Cindy hielt Champion an, ihre Augen weiteten sich. Es wäre einfach unglaublich, wenn Champion eingeladen würde!, dachte sie. Nur die besten Pferde des Jahres wurden ausgewählt, um im

Dubai World Cup zu starten, einem neuen, hochkarätigen Rennen in den Vereinigten Arabischen Emiraten am anderen Ende der Welt.

Lachend hob Aileen die Hand. „Nächstes Jahr? Wir würden uns natürlich sehr geehrt fühlen, wenn wir zum Dubai World Cup eingeladen werden. Aber erstmal müssen wir über die Rennen in diesem Herbst für unseren Triple-Crown-Champion nachdenken. Da wäre das Suburban in Belmont und das Travers in Saratoga, der Jockey Club Gold Cup und natürlich der Breeders' Cup ..."

Überwältigt vor Begeisterung schlang Cindy die Arme um Champions Hals. Ganz fest umarmte sie das eigenwillige, sich windende Pferd.

Champion hörte für einen Augenblick auf herumzuzappeln und sah sie aus dunklen Augen an. In seinem Blick lag etwas wie Staunen.

„Ich weiß, wir haben es weit gebracht", sagte sie. „Und das ist erst der Anfang, Champion."

Der mahagonifarbene Hengst tänzelte stolz auf der Stelle und schlug mit dem Kopf in Richtung Bahn. Er schien zu sagen: Das war es doch wert – und es steckt noch viel mehr in mir.